Das kosmische Gleichgewicht

Die Zahl 2

Aus dem Französischen übersetzt
Originaltitel:
»La Balance cosmique – le nombre 2«

ISBN 978-3-89515-082-1

4. Auflage

Druck 2025: Interpress, Ungarn

Omraam Mikhaël Aïvanhov

Das kosmische Gleichgewicht

Die Zahl 2

Reihe Izvor – Band 237

PROSVETA  VERLAG

INHALT

Kapitel 1
Die kosmische Waage – Die Zahl 2 8

Kapitel 2
Das Pendeln der Waage 25

Kapitel 3
Die 1 und die 0 33

Kapitel 4
Der jeweilige Platz des Männlichen
und des Weiblichen 45

Kapitel 5
Gott steht über dem Guten und dem Bösen 67

Kapitel 6
Der weiße und der schwarze Kopf 77

Kapitel 7
Zyklische Schwankungen und Gegenpole:
Das Gesetz der Gegensätze 89

Kapitel 8
»Um die Wunder einer einzigen Sache
zu vollbringen« – Die Symbole der 8
und des Kreuzes 99

Kapitel 9
Der Äskulapstab des Hermes –
Die Schlange der Astralebene 110

Kapitel 10
Prinzip des Lebens und Prinzip des Todes:
Jona und Orew 118

Kapitel 11
Das Dreieck Kether-Chesed-Geburah 129

Kapitel 12
Das Gesetz des Austauschs 142

Kapitel 13
Der Schlüssel und das Schloss 150

Kapitel 14
Die Arbeit des Geistes an der Materie –
Der Gralskelch 155

Kapitel 15
Die Vereinigung des Ichs mit dem
physischen Körper.. 164

Kapitel 16
Das Sakrament der Eucharistie 167

Kapitel 17
Der Mythos des androgynen Menschen 171

Kapitel 18
Die Verschmelzung mit der Universellen
Seele und dem Kosmischen Geist 184

Da Meister Omraam Mikhaël Aïvanhov seine Lehre ausschließlich mündlich überlieferte, wurden seine Bücher aus stenografischen Mitschriften, Tonband- und Videoaufnahmen seiner frei gehaltenen Vorträge erstellt.

Kapitel 1

Die kosmische Waage – Die Zahl 2

Teil I

Am 21. März betritt die Sonne das Zeichen des Widders. Dieses Ereignis ist der Zeitpunkt der Frühlings-Tagundnachtgleiche. Der Tag und die Nacht sind gleich lang. Nach der Ruhepause des Winters erwacht die Natur wieder: Die Samen beginnen zu keimen und die Knospen der Bäume springen auf. Und während die Sonne durch die Zeichen Stier, Zwillinge, Krebs, Löwe und Jungfrau wandert, sieht man, wie sich die Erde mit Blättern, Blüten und Früchten bedeckt. Wenn die Sonne am 23. September das Zeichen der Waage betritt, ist die Herbst-Tagundnachtgleiche. Wieder sind Tag und Nacht gleich lang. Jetzt aber erntet man die Früchte und die Natur kommt zur Ruhe. Nach der aufsteigenden Phase (von Widder bis Jungfrau) beginnt die absteigende Phase (von Waage bis Fische).

Die Waage ist das siebte Zeichen im Tierkreis. Warum gibt es eine Waage am Himmel, und was lehrt sie uns? Mitten unter den vielen Lebewesen – Menschen und Tiere – die den Tierkreis darstellen, ist die Waage der einzige Gegenstand, genauer gesagt ein

Messinstrument, das mit seinen zwei Waagschalen die Kräfte des Lichtes und der Finsternis, die Kräfte des Lebens und des Todes im Gleichgewicht zu halten scheint. Dieser Gegensatz wird auch noch dadurch unterstrichen, dass in der Waage Venus regiert und gleichzeitig Saturn erhöht ist. Venus und Saturn, was für eine Kombination! Venus, eine junge Frau, die die Anmut, den harmonischen Austausch und die Freuden darstellt, und Saturn, ein ernster Greis, der am liebsten einsam ist, und mit einer Sense bewaffnet, den Geschöpfen das Leben abschneidet.

Die Waage im Tierkreis ist ein Abbild der kosmischen Waage, dem Gleichgewicht dieser beiden entgegengesetzten, sich aber ergänzenden Prinzipien, dank denen das Universum entstanden ist und noch immer existiert.

Im ersten Buch des Sohar[1] steht geschrieben: »Schon zweitausend Jahre vor der Schöpfung der Welt waren die Buchstaben bereits verborgen und der Heilige, gepriesen sei Er, betrachtete sie und hatte seine Wonne daran. Als Er die Welt schaffen wollte, kamen alle Buchstaben in der umgekehrten Reihenfolge und stellten sich Ihm vor. So kamen Taw, Schin, Resch, Kof, Zade, Pe, Ajin, Samech, Nun und Mem einer nach dem anderen vor den Schöpfer und stellten Ihm ihre Qualitäten vor, die sie würdig machen sollten, als Instrumente für Seine Schöpfung zu dienen. Aber Gott schickte sie zurück. Auch *Lamed, Kaf, Jod, Teth, Cheth, Sajin, Vau, He, Daleth, Gimmel* stellten sich Ihm vor, und Gott schickte auch diese zurück. Schließlich stellte sich der Buchstabe *Beth* vor, der zweite Buchstabe des Alphabets, und Gott sagte zu ihm: »Wahrlich, deiner werde ich mich bedienen, um die Schöpfung der Welt zu vollbringen, und so wirst du die Basis des Schöpferwerkes sein!« Deshalb beginnen die ersten beiden Worte der Genesis, »Bereschith bara«, mit dem Buchstaben Beth.

Ihr werdet fragen: »Und der Buchstabe Aleph? Warum erwähnen Sie ihn nicht?« Ah, der Buchstabe Aleph, Gott gab ihm eine ganz eigene Aufgabe. Der Sohar sagt: »Der Buchstabe Aleph blieb an seinem Platz, ohne sich vorzustellen. Der Heilige, gepriesen sei Er, sagte zu ihm: »Aleph, Aleph, warum stellst du dich nicht vor wie all die anderen Buchstaben?« Und er antwortete: »Meister des Universums, ich habe gesehen, dass sich Dir alle Buchstaben vorgestellt haben und dass Du sie abgewiesen hast. Warum sollte ich mich nun auch noch vorstellen, hast Du doch schon dem Buchstaben Beth diese kostbare Gabe gegeben. Ich habe verstanden, dass es sich für den himmlischen König nicht ziemt, die Gabe, die Er bereits einem Seiner Diener gegeben hat, wieder wegzunehmen, um sie einem anderen zu geben.« Der Heilige, gepriesen sei Er, antwortete ihm: »Oh Aleph, Aleph, obwohl ich mich des Buchstabens Beth bediene, um die Welt zu schaffen, so wirst du etwas zum Trost erhalten, denn du wirst der erste aller Buchstaben sein, und ich werde nur in dir die Einheit haben. Du wirst die Basis aller Berechnungen und aller Handlungen in der Welt sein, und man wird die Einheit nirgendwo finden, außer im Buchstaben Aleph.« Aleph, der erste Buchstabe des Alphabets, stellt die Zahl 1 dar, die Einheit Gottes.

Und da im hebräischen Alphabet die Buchstaben auch Zahlen darstellen, entspricht der zweite Buchstabe Beth der Zahl 2. So ist also die Schöpfung das Werk der 2. Was ist nun aber die 2? Sie ist die 1, polarisiert in positiv und negativ, männlich und weiblich, aktiv und passiv. Sobald es eine Manifestation gibt, gibt es auch eine Teilung, eine Aufspaltung. Um sich zu manifestieren und sich erkennbar zu machen, muss sich die 1 teilen. Die Einheit ist ein Privileg von Gott selbst, ausschließlich Sein Bereich. Um zu schaffen, musste Gott, die 1, zur 2 werden. In der 1 ist keine Schöpfung möglich, denn es gibt keinen Austausch. Gott hat sich also aus sich selbst heraus projiziert, indem Er sich polarisierte, und das Universum wurde auf Grund der Existenz dieser beiden Pole geboren. Der positive Pol übt eine Anziehungskraft auf den negativen aus und umgekehrt. Dieser Mechanismus von gegenseitiger Aktion und Reaktion löst die Bewegung des Lebens aus und erhält sie. Das Aufhören dieser Bewegung würde den Stillstand und den Tod zur Folge haben, die Rückkehr in den Zustand der Undifferenziertheit wie zuvor. Die ersten Zeilen der Genesis offenbaren, dass die Schöpfung durch aufeinander folgende Teilungen vor sich gegangen ist. Am ersten Schöpfungstag trennte Gott das Licht von der Finsternis. Am zweiten Tag trennte Er die Wasser von oben von den Wassern unten. Am dritten Tag trennte Er das Wasser von der Erde. Und auch wenn man die Zelle betrachtet, das andere Extrem der Schöpfung, das kleinste Element des lebendigen Organismus, so kann man beobachten, dass sie sich durch Verdoppelung, durch eine 2-Teilung reproduziert.

Die 1 ist eine Wesenheit, die in sich selbst abgekapselt ist. Um herauszutreten, muss sie 2 werden. In der Wissenschaft der Eingeweihten ist die 2 nicht 1 + 1 wie in der Arithmetik, sondern die 1, die sich, um zu erschaffen, in positiv und negativ polarisiert hat. Um nun aber die Begriffe »positiv« und »negativ« nicht falsch zu verstehen, muss erwähnt werden, dass man ihnen auf keinen Fall eine psychologische oder moralische Bewertung geben darf (z. B.: Positiv ist alles, was gut und konstruktiv ist und negativ alles, was schlecht und destruktiv ist.). Man sollte sich beim Interpretieren dieser Begriffe daran erinnern, dass sie aus dem Vokabular der Physiker stammen, die die beiden großen Naturkräfte, die Elektrizität und den Magnetismus erforschen. In diesen beiden Kräften findet man eine Polarisation in positiv und negativ, d. h. in ausstrahlend und empfangend. Eine Steckdose hat ebenso zwei Pole wie ein Magnet. Wenn man diese Begriffe aus dem Bereich der Naturkräfte auf die psychische oder spirituelle Ebene überträgt, so kommt dem männlichen Prinzip ein positiver oder ausstrahlender Charakter zu und dem weiblichen Prinzip ein negativer oder empfangender Charakter.

Im Sephirothbaum (siehe Seite 16) ist Chokmah, die Weisheit, die zweite Sephira. Die 1, Kether, teilt sich in positiv und negativ. In Chokmah ist der Name Gottes Jah. Jah besteht aus zwei Buchstaben, *Jod* (das männliche Prinzip) und *He* (das weibliche Prinzip), die das Universum gezeugt haben.

Dem zweiten Buchstaben des hebräischen Alphabets Beth entspricht die zweite Tarotkarte: die Hohepriesterin. Neben anderen bemerkenswerten Details sieht man, dass sie eine Tiara aufhat, deren Spitze eine Mondsichel ist. Dieser Mond sieht aus wie eine Waage. Die Hohepriesterin sitzt vor zwei Säulen, zwischen denen ein Vorhang gespannt ist. Diese zwei Säulen stellen symbolisch die zwei Säulen des Tempels von Salomon dar: Jachin und Boas. Rechts erhebt sich Jachin und links Boas. Die eine ist blau und die andere rot, was ihre Unterschiedlichkeit in der Wesensart offenbart. In unserer Zeit werden die Tarotkarten als ein Spiel betrachtet und manche verwenden sie, um

2. Karte des Tarot: Die Hohepriesterin
(Oswald-Wirth-Tarot, ISBN 978-3-905-0178-23)

daraus die Zukunft zu lesen. Die Eingeweihten der Vergangenheit aber, die sie schufen, haben in diese Karten einen großen Teil ihres Wissens hineingelegt. Wer diese Symbole interpretieren kann, vor dem öffnet sich ein weites Feld der Erkenntnis und der Entdeckungen.

Die beiden Säulen haben also verschiedene Farben, blau und rot. Diese beiden Farben drücken den Gegensatz von männlich und weiblich aus. Man findet dieselbe Idee im Sephirothbaum mit seinen beiden äußeren Säulen der Milde und der Strenge und der Zentralsäule, der Säule des Gleichgewichts. Auf der Säule der Milde stellen die Sephiroth Chokmah, Chesed und Netzach die männlichen Kräfte und auf der Säule der Strenge stellen die Sephiroth Binah, Geburah und Hod die weiblichen Kräfte dar. Und sie können nur harmonisch zusammenarbeiten, wenn sie von dieser höheren Instanz, die durch die Zentralsäule dargestellt wird, unterstützt werden: die Sephiroth Malkuth, Jesod, Tiphereth, Daath und Kether. Die beiden entgegenwirkenden, sich aber ergänzenden Kräfte werden von einer Kraft kontrolliert, die alles beherrscht, von Kether, der Krone, die die Kabbalisten die kosmische Waage nennen.

Eines der Bücher des Sohar, das Siphra-di-Tzenjutha (d. h. Das Geheime Buch) beginnt mit den Worten: »Wir haben gelernt, dass das Geheime Buch das Buch ist, das vom Gleichgewicht der Waage handelt. Bevor es die Waage gab, blickte die eine Seite nicht zur anderen hin und die ersten Könige kamen aus Mangel an Nahrung um.« Diese Könige sind natürlich symbolisch gemeint. Sie werden auch am Ende des Buches erwähnt als »sieben Könige vom Lande Edom, welche Krusten sind, die in die niedere Welt gestürzt sind«. Nun ist aber das Wort »Kruste, Rinde« die wörtliche Übersetzung von »Kliphoth«. Die Kliphoth sind die umgekehrten, dunklen Spiegelbilder der göttlichen Sephiroth. Die Kliphoth stellen also die Energien, Wesenheiten und Geschöpfe dar, die das Gleichgewicht der Waage nicht respektieren. Deshalb steht auch geschrieben, dass die Könige aus Mangel an Nahrung den Tod fanden: Sie wurden nicht mehr von den großen Lichtern ernährt, die von dem erhabenen Haupt kamen: von Kether.

Das Symbol der Waage beherrscht die ganze Schöpfung. Wir haben schon gesehen, dass die Kabbalisten den Sephirothbaum in vier Bereiche einteilen:[2]

- Olam Atziluth oder Welt der Ausströmungen, bestehend aus den Sephiroth Kether, Chokmah und Binah.
- Olam Briah oder Welt der Schöpfung, bestehend aus den Sephiroth Chesed, Geburah und Tiphereth.
- Olam Jetzirah oder Welt der Formgebung, bestehend aus den Sephiroth Netzach, Hod und Jesod.
- Olam Assiah oder Welt der Handlung, bestehend aus der Sephira Malkuth.

In jeder Welt gleicht eine mittlere Sephira die beiden anderen aus:

- In Olam Atziluth gleicht Kether Chokmah und Binah aus.
- In Olam Briah gleicht Tiphereth Chesed und Geburah aus.
- In Olam Jetzirah gleicht Jesod Netzach und Hod aus.
- In Olam Assiah gleicht Malkuth das ganze Gebäude aus.

Die Waage gibt es also in den vier Welten. Und da der Mensch ein Abbild des Universums ist, gibt es die Waage auch in seinen inneren vier Welten:

- Olam Atziluth entspricht der göttlichen Welt, der Seele und dem Geist: Neschamah.
- Olam Briah entspricht der mentalen Welt, dem Intellekt: Ruach.
- Olam Jetzirah entspricht der Astralwelt, dem Herzen: Nephesch.
- Olam Assiah entspricht der physischen Welt, dem Körper: Guph.

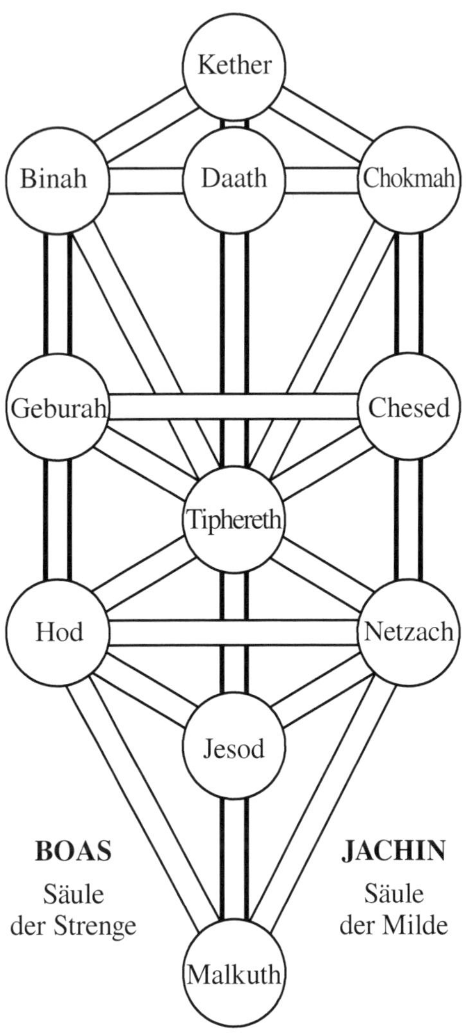
Kether
Binah
Daath
Chokmah
Geburah
Chesed
Tiphereth
Hod
Netzach
Jesod
BOAS
Säule
der Strenge
JACHIN
Säule
der Milde
Malkuth
Säule des Gleichgewichts

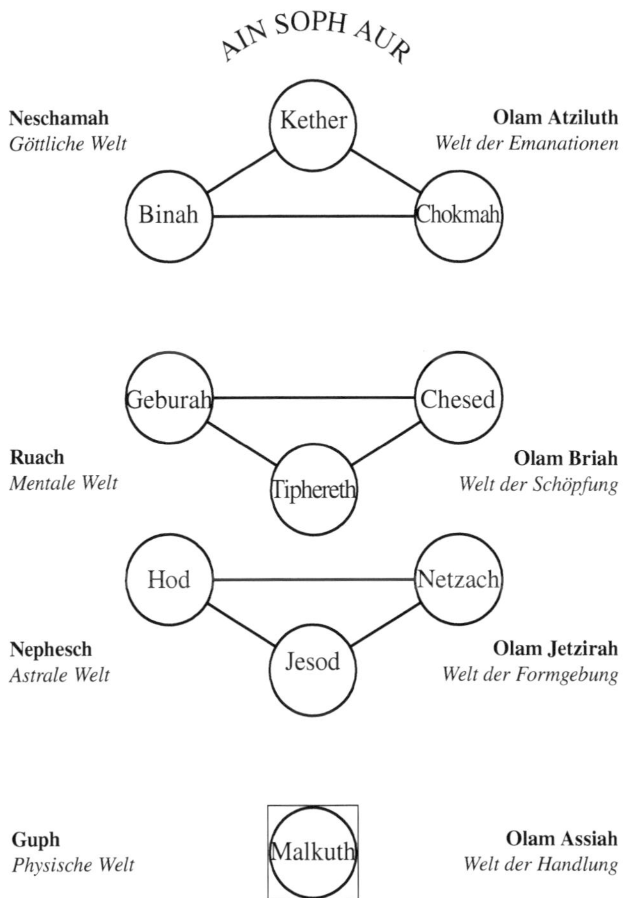

Der Lebensbaum

Und da die Wissenschaft der Waage auch die Wissenschaft des Menschen ist, muss man wissen, dass die Könige von Edom auch in ihm sind: die sieben Todsünden. Und wenn der Mensch sie ohne Kontrolle walten lässt, so folgt daraus Unordnung und Anarchie. Aber da die kosmische Intelligenz keine Anarchie akzeptiert, werden alle Wesen, die aus der geschaffenen Ordnung austreten, zerstört. Auch sie gehen aus Mangel an Nahrung zu Grunde. Wer hingegen das Gleichgewicht der Waage zu verwirklichen versucht, erbaut in sich den Tempel des Herrn.

Alle diese Ideen sind gewiss noch unklar für euch, aber lasst euch dadurch nicht entmutigen. Wenn ihr wirklich den Wunsch habt, das Gleichgewicht der Waage zu verstehen und zu verwirklichen, dank dem man es schafft, das Positive und das Negative, das Männliche und das Weibliche, die Strenge und die Milde zu harmonisieren, so werdet ihr Klarheit erlangen. Während eurer Meditationen und sogar in der Nacht während des Schlafs werden andere Wesen als ich euch Erklärungen geben.

Anmerkungen

1. Der Sohar ist eine mehrbändige Sammlung von Texten und gilt als das bedeutendste Schriftwerk der Kabbala.
2. Siehe Band 236 der Reihe Izvor »Weisheit aus der Kabbala«, Kapitel 2: »Darstellung des Lebensbaumes«.

Teil 2

Die Einweihungswissenschaft hat zum Ziel, uns den Ursprung der Dinge erkennen zu lassen. Und der Ursprung der Dinge ist die Welt der Ideen, der Prinzipien, der Zahlen. Die Schöpfung und die ganze Vielzahl von Ereignissen, die sich abspielen, können auf Zahlen zurückgeführt werden. Die Einweihungswissenschaft zeigt uns, wie sich diese Zahlen in Bewegung setzen, um zu wirken. Die Zahl ist die Idee und die Ziffer ist ihr Kleid, ihre Manifestation. Die Ziffer ist das Gesicht der Zahl. Wenn man es schafft, die Zahlen lebendig zu machen und zu verstehen, wie sie funktionieren, wie sie arbeiten, sieht man, dass es Kräfte sind, die in der Natur wirken, und ihre Konjunktionen, ihre Trennungen, ihre Multiplikationen, ihre Divisionen bringen die Formen und Bewegungen hervor. Wenn man ein Schneckenhaus oder die Struktur eines Kristalls betrachtet, wie kann man da nicht von der Arbeit der Zahlen begeistert sein? Alle Prinzipien der Arithmetik finden sich in den Steinen, den Pflanzen, den Tieren, den Sternen, im Körper des Menschen, in ihrem psychischen Leben und sogar in ihrem Schicksal wieder.

Beschäftigen wir uns nun mit der Zahl 2. Woher kommt die Form ihrer Ziffer? Ursprünglich wurde die Zahl 2 nicht so geschrieben, wie wir sie heute kennen. Der Bogen oben ist erst später dazugekommen. Zuerst bestand die Zahl 2 aus zwei parallelen Linien, die mit einem Bindeglied miteinander verbunden wurden: Z. Dieses Bindeglied, das die beiden Linien vereint, ist sehr wichtig. Es bedeutet, dass diese beiden Strömungen weder getrennt noch gegensätzlich sind, sondern dass es sich in Wirklichkeit um die gleiche Strömung handelt, die auf zwei verschiedenen Ebenen zirkuliert. Dies ist genauso wie bei den Luftströmungen, die zwischen der Erdoberfläche und den Schichten der Atmosphäre zirkulieren: Der Teil der Strömung, der knapp über der Erdoberfläche weht, geht in die eine Richtung und derjenige, der in der Höhe weht, geht in die entgegengesetzte Richtung. Man bemerkt dies, wenn man die Richtung beobachtet, in die die Wolken ziehen und die Richtung des Windes auf der Erdoberfläche.

Man kann auch zwei Menschen beobachten, die ein Rad drehen. Von vorne gesehen scheint es, dass der eine in die eine Richtung geht und der andere in die andere. In Wirklichkeit gehen sie aber in die gleiche Richtung im Kreis, und ihre Kräfte wirken zusammen. Um aber diese Feststellung machen zu können, muss man sich über ihnen befinden. Wenn ihr auf ihrer Ebene bleibt, so habt ihr immer den Eindruck, dass sie in verschiedene Richtungen gehen. Die Drehung des Rades wird gewährleistet durch die Arbeit dieser beiden dem Anschein nach gegensätzlichen Bewegungen. Dieses Bild ist sehr interessant, es offenbart uns, dass diese beiden scheinbar gegensätzlichen Strömungen in Wirklichkeit für das gleiche

Ziel arbeiten, weil sie mit dem Zentrum verbunden sind. Und im Universum ist Gott dieses Zentrum. Man sollte diese Idee im Geiste bewahren, wenn man die Zahl 2 studieren möchte.

Alle Aspekte des Lebens, der Schöpfung und der Geschöpfe, werden von der Zahl 2 regiert. Aber man kann die 2 nur verstehen, wenn man die 1 im Bewusstsein hat. Es gibt eine einzige Wirklichkeit, aber die 1 polarisiert sich und alles andere geht aus dieser Polarisation hervor. Das Wesentliche für uns ist, dass wir die Natur dieser beiden Pole und ihre Zusammenarbeit verstehen. Wenn ihre Beziehung harmonisch ist, kann man sagen, dass es eine wirkliche Polarisation ist. Auch wenn Menschen sich von nah oder von fern Zeichen der Freundschaft schicken, ist dies eine echte Polarisation. Sonst kann man nicht von Polarisation sprechen, sondern von Trennung, von Konfrontation. Statt eine Arbeit im Verständnis, in der Harmonie zu vollbringen, widersetzen sich die beiden Teile und enden damit, sich zu zerstören.

In Wirklichkeit kann aus der Teilung auch etwas entstehen, so wie bei der Keimung des Samens. Damit z.B. ein Weizenkorn keimt, muss es sich teilen. Bevor es keimt, ist das Korn 1, aber sät es aus, und es wird in der Erde zur 2. Dann erscheint die 3, der Keim, der darin enthalten war. Und jetzt, da er herauskommt, beginnt er Kräfte aus den beiden Teilen des Korns zu schöpfen. Die beiden Prinzipien ernähren das dritte, das wächst. Im Korn gibt es also zuerst Teilung, dann Gärung und das Korn selbst verschwindet. Man ist bei seinem Tod zugegen, aber dieser Tod hat seine Rolle zu spielen, nicht nur in der Natur, sondern im inneren Leben. Dank dieses Todes wird der Mensch zu einem neuen Leben erwachen.[1] Jesus sagte: »Wenn das Weizenkorn nicht in die Erde fällt und erstirbt, bleibt es allein; wenn es aber erstirbt, bringt es viel Frucht« (Jh 12,24). Aber dies ist ein anderes Mysterium.

Die Zahl 2 ist die Zahl der Einswerdung. Die tiefgründigsten, komplexesten, gefährlichsten Fragen sind in der 2 enthalten, sogar das Geheimnis der Existenz des Teufels. Alles, was Bezug zur 2 hat, ist schwierig. Am zweiten Tag der Schöpfung sagte Gott nicht, dass es gut sei. Bei allen anderen Tagen steht geschrieben: »Gott sah, dass es gut war.« Aber am zweiten Tag sagte er nichts. Gott hat sich über diesen Tag nicht geäußert. Die Zahl 2 ist die gefährlichste von allen Zahlen, denn in ihr befinden sich alle Möglichkeiten der Teilung, der Abzweigung. Dort beginnt also das Böse.

Nicht jedem ist es gegeben, sich in diese Studien zu versenken und das Mysterium der 2 zu vertiefen. Wenn man diese Zahl versteht und fähig ist, mit ihr zu arbeiten, so ist sie die Zahl der Ordnung, der Harmonie, des Aufbaus, aber sie ist auch die Zahl des Gegensatzes, der Zerstörung für den, der nicht weise ist. Also hängt alles von uns ab, von unserer Fähigkeit zu studieren und zu verstehen. Je nach unserem Verständnis und unserem Verhalten wird das Gute oder das Schlechte aus dieser Begegnung mit diesen beiden Kräften herauskommen.

Die Hohepriesterin, die auf der zweiten Tarotkarte abgebildet ist, sitzt vor den zwei Säulen des Tempels und zwischen diesen beiden Säulen ist ein großer Vorhang gespannt, der das, was dahinter ist, verbirgt und den Eintritt verwehrt. Die Hohepriesterin legt ihre rechte Hand auf ein halb geöffnetes Buch (übrigens das einzige Buch, das auf den Tarotkarten abgebildet ist) und in der linken Hand hält sie zwei Schlüssel.

Diese Symbole bedeuten, dass man Wissen sammeln sollte, um die Schlüssel zu bekommen, die ermöglichen, den Vorhang zur Seite zu schieben und zu den Mysterien zu gelangen. Das Buch ist die 2 und die Schlüssel sind 2. Die Zahl 2 stellt den Eintritt in das Heiligtum dar. Wenn man diese Pforte überschreitet, befindet man sich auf einem fremden und mysteriösen Weg. Man kann nicht wissen, was man beim Weitergehen antreffen wird, aber es ist gewiss, dass man große Entdeckungen machen wird. Die Hohepriesterin sagt uns: »Lerne, mein Kind, und du wirst sehen, wie alles im Universum vom Schöpfer so wunderbar gestaltet wurde. Wenn du nicht studierst, hast du keine richtige Sicht der Dinge, du wirst nicht im Stande sein, die Elemente der 2 richtig zu verbinden, du wirst auf Gegensätze und Feinde treffen, und so wirst du im Kampf und im Unglück die Wirklichkeit der 2 kennen lernen.«

Nur eine Sache muss man verstehen, eine einzige: die 2, die Existenz der beiden Prinzipien Positiv und Negativ, Männlich und Weiblich. Das Universum wurde von den beiden Prinzipien geschaffen und dieses Universum und die Menschheit können nur fortbestehen und vorankommen dank der Arbeit dieser beiden Prinzipien.[2] Ihr werdet sagen: »Ist es wirklich so einfach? Sie sagten uns doch, es sei sehr schwierig!« Aber nein, es ist wirklich so einfach, warum muss man Komplikationen suchen? Die Komplikationen kommen nur von der Unfähigkeit der Menschen, die verschiedenen Ausdrucksformen dieser Polarität zu verstehen und zu nutzen. Die beiden Prinzipien sind an der Basis des Lebens, und man findet sie in allen Phänomenen des physischen, psychischen und spirituellen Lebens wieder.

Anmerkungen

1. Siehe Band 240 der Reihe Izvor »Söhne und Töchter Gottes«, Kapitel 3: »Wer sein Leben retten will, wird es verlieren«.
2. Siehe Band 232 der Reihe Izvor »Feuer und Wasser – Wunderkräfte der Schöpfung«, Kapitel 1: »Wasser und Feuer, Grundprinzipien der Schöpfung«.

Kapitel 2

Das Pendeln der Waage

Wenn ein Kind lesen lernt, beginnt es allmählich, die Buchstaben des Alphabets zu erkennen. Wenn es gut gelernt hat, wird es nach und nach in der Lage sein, sie in den Wörtern wiederzuerkennen, bis es eines Tages ganze Sätze lesen kann. Genauso durchquert der Schüler im Laufe der Einweihung zahlreiche Phasen, während denen er nach und nach die Buchstaben des großen kosmischen Buches erkennt. Sie zeichnen sich ab und fügen sich zusammen. Die Buchstaben sind die Elemente der Schöpfung. Und wenn der hl. Johannes am Beginn seines Evangeliums schreibt: »Am Anfang war das Wort und das Wort war bei Gott und das Wort war Gott ... Alles, was gemacht wurde, wurde durch das Wort gemacht«,[1] so bedeutet dies, dass am Anfang alle Prinzipien des göttlichen Alphabetes tätig wurden. Von den Höhen bis zu den Tiefen der Schöpfung und bis auf die physische Ebene haben sie dieselben Strukturen reproduziert, die sie oben geschaffen hatten. Alles, was auf der physischen Ebene existiert, kann als Wörter, Sätze, Gedichte angesehen werden, die von den verschiedenen Elementen des göttlichen Wortes gebildet werden.

Für den Unwissenden erscheint die Natur auf den ersten Blick wie eine unermessliche Unordnung, eine wahre Rumpelkammer, und auch wenn die Wissenschaftler versucht haben, alles zu klassifizieren, um klarer zu sehen, sind sehr wenige Menschen fähig, die geheimen Verbindungen zu entdecken, die zwischen allen Elementen der Schöpfung bestehen und zu sehen, dass alle diese scheinbar getrennten Elemente in Wirklichkeit ein Ganzes bilden. Nur die Sicht des Ganzen offenbart die Harmonie der Prinzipien, die sich auf den ersten Blick zu widersprechen scheinen (das Männliche und das Weibliche, das Aktive und das Passive, das Positive und das Negative, das Licht und die Finsternis, die Wärme und die Kälte, das Gute und das Böse). Nur die Sicht des Ganzen offenbart die Harmonie der Phänomene, die sich daraus ergeben. Für den, der klar sieht, gibt es eine Ausgewogenheit, d. h. ein Gleichgewicht. Er selbst ist in der Waage, er verlässt das Gleichgewicht nicht mehr. Aber Gleichgewicht bedeutet nicht Ende der Pendelbewegungen, Unbeweglichkeit. Das Fehlen der Pendelbewegungen würde zum Stillstand führen.

Wenn der Sohar vom Gleichgewicht spricht, so handelt es sich nicht um einen Zustand, in dem die beiden Waagschalen vollständig unbeweglich bleiben. Das vollkommene Gleichgewicht würde eine Rückkehr in den Zustand der ursprünglichen Undifferenziertheit vor der Schöpfung bedeuten. Als Gott sich polarisierte, um zu erschaffen, geriet die Waage ins Schwanken, sie begann zu pendeln. Übrigens hat nach gewissen Überlieferungen die Schöpfung der Welt nicht mit dem Widder, sondern mit der Waage begonnen, die dem Widder im Tierkreis gegenüber liegt.

Der aufsteigende Mond, der am Kopf der Hohepriesterin zu sehen ist, bringt ebenfalls die Idee des Pendelns der Waage zum Ausdruck. Obwohl der Mond zu bestimmten Zeiten rund und voll ist wie die Sonne, wird er symbolisch als Sichel, d. h. mit zwei Hörnern dargestellt. Ja, man spricht im Französischen nicht zufällig von den »Hörnern« des Mondes, und in gewissen Mythologien wurden die weiblichen Gottheiten als gehörnte Tiere dargestellt. Die Frau – hier die Hohepriesterin –, die das lebendige Symbol der von Gott geschaffenen Natur ist, wird unter dem Zeichen der Waage dargestellt, d. h. unter dem Zeichen von Ebbe und Flut: nach dem Licht die Finsternis und wieder Licht – nach der Aktivität die Ruhe und wieder Aktivität.

Solange es die Schöpfung gibt, wird die Waage pendeln. Das absolute Gleichgewicht ist gleichbedeutend mit Vollkommenheit, und was gibt es über der Vollkommenheit? Nichts, alles kommt zum Stillstand. Das Pendeln der Waage drückt aus, dass die Schöpfung ein ständiges Werden ist. Sie strebt nach dem absoluten Gleichgewicht, ohne es jemals zu erreichen. An dem Tag, an dem sie es erreicht, kehrt sie wiederum in den Schoß des Ewigen zurück.

Die Entwicklung setzt ein ständiges Pendeln der beiden Waagschalen voraus. Dies ist wieder eine Lehre der Zahl 2. Wenn die Bewegung aufhört, tritt der Tod ein. Nun besteht aber das Leben nur aus ständigem Austausch. Dieser ständige Austausch ist vergleichbar mit Fäden, die sich zwischen den Geschöpfen untereinander sowie zwischen den Geschöpfen und den Dingen ziehen. Diese Bewegung muss aber unter Kontrolle gehalten werden, denn wenn eine Waagschale zu hoch steigt, sinkt die andere zu tief ab und das ist der Absturz:

Auch in diesem Fall hört die Pendelbewegung auf und es gibt kein Leben mehr. Was wir Gleichgewicht nennen, ist in Wirklichkeit ein gewisses Ungleichgewicht. Aber dieses Ungleichgewicht darf nur momentan bestehen: Das Gleichgewicht ist momentan gestört, um sofort wieder hergestellt zu werden. Durch diese momentane Störung des Gleichgewichtes werden Kräfte freigesetzt, die schnell durch eine entgegengesetzte Bewegung wieder ausgeglichen werden müssen, um beherrscht zu werden. Diese Pendelbewegungen bringen also das Leben hervor, und man kann sagen, dass das Leben ein ständig wieder ins Gleichgewicht gebrachtes Ungleichgewicht ist.

Das Gehen veranschaulicht ganz klar dieses Phänomen. Wir gehen, indem wir abwechselnd einen Fuß nach dem anderen aufsetzen.[2] Sobald wir einen Fuß nach vorne bewegen, ist unser Körper in einem leichten Ungleichgewicht, das wir dadurch ausgleichen, dass wir den anderen Fuß nach vorne bewegen. Beobachtet einmal wie einfach es ist, das Gleichgewicht zu verlieren und zu fallen: Das kleinste Hindernis, ein Steinchen kann den Sturz verursachen. Und sprechen wir lieber gar nicht von den Betrunkenen: Die Pendelbewegung ihres Ganges nimmt spektakuläre Ausmaße an!

Jedes Element, jeder Gegenstand, jede Situation, jedes Geschöpf ist eine Energiequelle, aber damit sich diese Energien manifestieren, muss man sie zuerst ins Ungleichgewicht d. h. in ein bestimmtes Gefälle bringen. Beobachtet Wasser auf einer ebenen Oberfläche: Es verteilt sich darauf wie ein sanfter, ruhiger Teppich. Es gibt kein Gefälle, es kann also auch nicht zirkulieren. Gebt nun aber dem Wasser ein bestimmtes Gefälle, so steigert sich seine Kraft und wenn sie groß genug ist, produziert sie eine Energie, die fähig ist, ganze Fabriken anzutreiben.

Das Gleiche gilt für den Menschen. Es gibt in ihm ein Gefälle, auf dem ständig Kräfte herabfließen und es ist notwendig, sie zu kanalisieren, damit sie eine gute Arbeit verrichten. Die Zahl 2 ist das größte Gefälle, das Gott dem Menschen gegeben hat. Man muss es nur ständig wieder ausgleichen, denn ein Übermaß auf der einen Seite erzeugt ein Übermaß auf der anderen Seite. Dies sieht man z.B. bei Menschen, die einmal himmelhochjauchzend und dann wieder zu Tode betrübt sind. Unser psychisches Leben beruht auf einem gewissen Ungleichgewicht und dieses Ungleichgewicht wird, wenn man es beherrscht, zu Reichtum und Schöpfung. Die Genies z. B. sind unausgeglichene Menschen. Die Ausgeglichenheit erzeugt oft nur mittelmäßige Menschen. Die Genies sind oft Menschen, die sich von dunklen Mächten bedroht fühlen und dies durch die Arbeit, durch die Schöpfung auszugleichen versuchen, und so schaffen sie es, großartige Werke zu verwirklichen. Andere hingegen, die viel »ausgeglichener« sind, die sich nicht großartig anstrengen müssen, um sich gut zu fühlen, bleiben unbedeutend und glanzlos.

Ein gewisses Ungleichgewicht ist für unser Vorankommen notwendig, aber unter der Bedingung, dass wir uns beobachten und analysieren und dann ausgleichen, wenn die Waagschalen ein zu großes Ungleichgewicht aufzeigen. Wenn man es versteht, die Kräfte auszugleichen, hat man eine magische Macht über sich selbst und die Natur, aber man muss sich eben auch überwachen, um ein gewisses Pendeln der Waagschalen aufrechtzuerhalten. Denn sobald die Waagschalen vollkommen ausgeglichen sind, kommt man nicht mehr voran, stellt sich der Tod ein. Der Tod ist das vollkommene Gleichgewicht! Dies kann man bei bestimmten

Personen feststellen: Man sieht sie sprechen, gehen, sich um etwas kümmern und dennoch geben sie den Eindruck, tot zu sein, weil sie innerlich erstarrt sind. Tag für Tag sieht man sie immer gleich, als wenn eine innere Antriebsfeder überspannt worden wäre: Sie haben immer das gleiche erstarrte, ausdruckslose Gesicht, sie wiederholen immer die gleichen Handlungen und Worte usw. Man könnte so etwas »Gleichgewicht« nennen, wenn man will, aber wie langweilig für die Umgebung! Man hat Lust, auf und davon zu laufen.

Es gilt also immer, etwas in sich selbst richtig zu stellen. Aber es gilt auch im Urteil, das wir uns über die anderen gebildet haben, und in der Einstellung ihnen gegenüber etwas richtig zu stellen. Was wir Gerechtigkeit nennen, ist in Wirklichkeit eine Folge von Richtigstellungen. (Ihr seht übrigens, dass Gerechtigkeit und Richtigstellung die gleiche Wurzel haben.) Deshalb ist es schwierig gerecht zu sein! Dies ist eine Überlegung, die die Erwachsenen – Eltern und Erzieher – im Bewusstsein behalten sollten, wenn sie ein Kind beurteilen und auf seine Entfaltung schauen müssen. Über ein Kind, das ständig brav und folgsam ist, haben sie die Tendenz zu denken: »Oh wie niedlich und reizend ist dieses Kind!« Sicher ist es einfacher, mit einem Kind auszukommen, das ruhig bleibt, wenn man sagt, es solle sich nicht rühren, das nicht spricht, wenn man sagt, es soll still sein usw. aber was wird dieses liebe und folgsame Kind später leisten? Sicherlich nichts Großartiges, es wird unbedeutend bleiben. Ein Kind mit einem starken Eigenwillen hingegen, das völlig undiszipliniert ist, macht in seiner Umgebung ständig Scherereien und die Eltern, Nachbarn und Erzieher beklagen sich ständig: »Oh! Jetzt ist es aber endgültig zu viel. Schau mal, was er jetzt wieder angestellt hat!« Ja, aber dieses Kind, das alle müde gemacht und belästigt hat, hat viel mehr Möglichkeiten, dass aus ihm eine große Persönlichkeit wird. Momentan sagt man, er übertreibt, d. h. die Schalen seiner Waage sind schlecht ausgeglichen, aber wenn er gelernt haben wird, seine Energien zu lenken, wird er sich durch seinen Charakter und seine Talente auszeichnen. Und die Aufgabe der Eltern und Erzieher ist es, ihm dabei zu helfen.

Das Gleiche gilt für jegliches Ungleichgewicht im Leben. Auch durch Krankheiten, Prüfungen usw. sind die Menschen gezwungen voranzukommen.[3] Was ist z.B. ein Krieg? Ein Krieg ist ein schwindelerregendes Gefälle. In diesem Ungleichgewicht finden die Guten die Bedingungen, um noch besser zu werden und die Bösen, um noch böser zu werden. Das Leben schafft diese Störungen, um die Menschen in diesen Zustand des Ungleichgewichtes zu bringen, der sie zwingt, sich zu entfalten, sich zu verwandeln oder wenigstens sich zu entdecken und sich selbst kennen zu lernen. Wenn sie keine Prüfungen oder Gefahren zu bestehen hätten, wie sollten sie sich dann selbst erkennen? So entpuppen sich gewisse scheinbar unbedeutende Menschen als Helden, während andere scheinbar fähige, intelligente, ehrliche Menschen sofort tief sinken und getrieben werden, niederträchtige, kriminelle Handlungen zu begehen.

In wie vielen anderen Bereichen kann man noch darlegen, dass das Leben von dieser Pendelbewegung zwischen entgegengesetzten Kräften oder Situationen erzeugt wird. Die ganze Fülle und aller Formenreichtum, der auf der Oberfläche unseres Planeten besteht, ist darauf zurückzuführen, dass diese Oberfläche nicht eben ist, sondern dass es verschiedene Höhen gibt, von den höchsten Gipfeln bis zu den Tiefen der Erde und der Meere. Die Vielfalt der Klimate, der Flora, der Fauna, auf die auch die Verschiedenheit der Zivilisationen zurückzuführen ist, kommt daher, dass die Oberfläche der Erde nicht ausgeglichen ist und das ist wunderbar!

Und auch die Menschen sollten sich nicht zu ähnlich sein. Warum nicht? Damit es einen fruchtbaren Austausch, einen ganzen Kreislauf zwischen ihnen gibt. Der einzige Punkt, den alle gleich haben sollten, ist das hohe Ideal, der Wunsch voranzukommen in der Liebe und im Licht. Für alles andere braucht es die Verschiedenheit. Eben diese Verschiedenheit macht ihr Leben reich und schön.

Anmerkungen

1. Siehe Band 320 der Reihe Broschüren »Menschliches und göttliches Wort«.
2. Siehe Band 18 der Reihe Gesamtwerke »Erkenne dich selbst – Jnani Yoga«, Kapitel 4, Teil 1: »Die Erkenntnis: Herz und Intellekt«.
3. Siehe Band 242 der Reihe Izvor »Unerschöpfliche Quellen der Freude«, Kapitel 3: »Das Leiden als Antrieb«.

Kapitel 3

Die 1 und die 0

Teil 1

Die Kabbalisten geben uns mehrere Darstellungen des Namen Gottes: *Jod He Vau He* יהוה.*

Eine davon ist ein Dreieck, in dem dieser Name mit flammenden Buchstaben eingeschrieben ist.

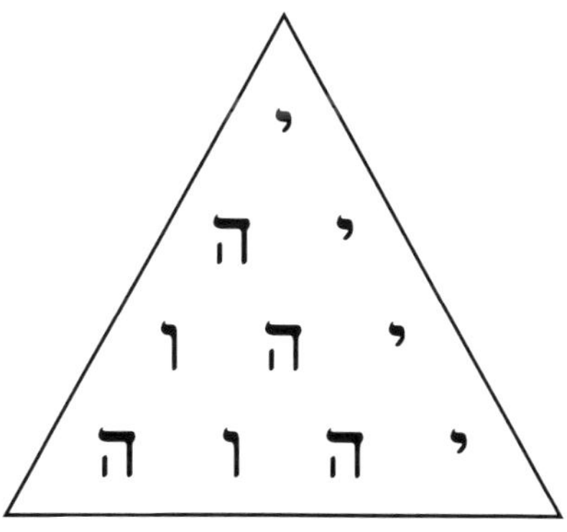

Dieser pyramidalen Form entsprechen die vier Ebenen des Universums:

* Das Hebräische liest man von rechts nach links.

- *Jod* י entspricht der Welt *Atziluth*, der Welt der Emanationen, der göttlichen Ebene.
- *Jod He* יה entspricht der Welt *Briah*, der Welt der Schöpfung, der spirituellen Ebene.
- *Jod He Vau* יהו entspricht der Welt *Jetzirah*, der Welt der Formgebung, der psychischen Ebene.
- *Jod He Vau He* יהוה entspricht der Welt *Assiah*, der Welt der Handlung, der physischen Ebene.

Jeder neue Buchstabe stellt jeweils einen weiteren Grad dar, wie der Geist in den Schoß der Materie hinabsteigt. *Jod* hat numerologisch den Wert 10; *He* 5; *Vau* 6. Die Summe der in dem Dreieck eingeschriebenen Buchstaben ist also 72 und 72 ist »*Shem Ha-Mephoresch*« (wörtlich: »Der Name im Detail«), d. h. die 72 Genien, die das Universum regieren.

Jod, der äußerlich kleinste Buchstabe des Alphabets, kaum größer als ein Punkt, symbolisiert den kosmischen Geist, die 1. Aber wenn er sich auf der physischen Ebene entfaltet, wird er 10, das Universum. Denn so wie für die Einweihungswissenschaft 1+1 nicht 2 ist, so ist die 10 nicht die Summe aus 10 Einheiten. Um die sehr bedeutungsreiche Zahl 10 verstehen zu können, muss man die 1 und die 0 studieren, aus denen sie zusammengesetzt ist und beobachten, dass beide ihre eigene Natur und Aufgabe haben und dass sie gemeinsam eine Arbeit verwirklichen müssen. Und um diese Arbeit zu verstehen, darf man nicht annehmen, dass die 1 und die 0 nebeneinander gestellt sind, sondern dass die 1 in die 0 eindringt, um sie zu beseelen, sie in Bewegung zu setzen. Dies kann man auch ausdrücken durch das Symbol: ⊙

Zu Beginn der Genesis steht geschrieben: »Am Anfang schuf Gott Himmel und Erde und die Erde war wüst und leer; und es war finster auf der Tiefe; und der Geist Gottes schwebte auf dem Wasser« (1.Mo 1,1-2). Der Geist Gottes ist das männliche Prinzip, das die Materie (hier das Symbol des Wassers) durchdrang, um sie fruchtbar zu machen. Das Wasser ist der Kreis, die 0 und der Geist Gottes ist der Punkt, die 1. Ohne Geist, der sie beseelt, bleibt die Materie *»tohu vabohu«*: ohne Form und leer. Aber sobald sie vom Geist berührt und bearbeitet wird, beginnen sich alle Möglichkeiten, die sie enthält, zu manifestieren, sie wird ein Universum mit Sonnen, Sternbildern und Nebeln. Unser Universum stellt also die 0 dar, die Materie, die schon vom Geist, der 1, bearbeitet, beseelt und organisiert wurde.

Alles, was wir im Universum sehen, wird von der 1 und der 0 gemacht, von der 1, die die 0 durchdringt, um sie zu beseelen. Das ist ein mechanisches Prinzip: Der Kolben muss sich im Inneren des Zylinders bewegen, um den Motor anzutreiben. Ohne diese Bewegung geht nichts weiter. Und was ist das Rad? Eine 0 (der Kreis), die sich um eine Zentralachse (die 1) dreht. Das Rad zeigt uns, wie die 1 in der 0 arbeitet, der Geist, der die Materie in Bewegung setzt. Und auch die Erde hat eine Achse, um die sich ihre Masse, die 0, unaufhörlich dreht.

Wer die Methode kennt, wie man die Zahlen studiert, der sieht, wie sie aussagekräftig, lebendig und wirksam werden. Um die 10 zu bilden, müssen die 1 und die 0 verbunden und beweglich sein. Aber die Menschen kennen diese Wirklichkeit nur im mechanischen Bereich und dem der Sexualität und sogar dort herrscht noch eine große Unwissenheit! Um die Frau zu »erkennen« (das ist das Wort, das die Bibel gebraucht), muss sie der Mann durchdringen und das Ergebnis dieser »Erkenntnis« ist ein Kind. Aber wie wurde das Kind empfangen? Die 1 taucht in die 0 ein, um sie zu studieren, aber sie macht dies ohne Licht, in der Nacht ihrer Gedanken und deshalb sind auch die Ergebnisse nicht berühmt. So, wie die Menschen mit der 10 arbeiten, gleichen sie dem Fischer, der am Ende seiner Angelschnur einen alten mit Schlamm bedeckten Schuh findet. Sie könnten Gold und Edelsteine herausholen, aber sie holen nur alte Schuhe heraus!

Jede Handlung, die dazu beiträgt, das Leben in uns aufrechtzuerhalten, entspricht der Zahl 10. Essen heißt den Mund öffnen (die 0), um die Nahrung (die 1) einzuführen und diese Begegnung erzeugt eine Energie. Und was ist das Sehen? Die Handlung des Lichtes (der 1), die auf das Auge (die 0) trifft. Das Gleiche gilt für den Ton, der auf unser Ohr trifft. Was unseren kugelförmigen Kopf betrifft, ist auch er eine 0, und in diese 0 sollte der Geist herabsteigen. Solange er den Geist nicht empfangen hat, ist unser Kopf eine 0, die nur Dummheiten fabriziert. Aber sobald er vom himmlischen Strahl besucht wird, bringt er ein göttliches Kind zur Welt, und wir werden zur 10. Bis dahin sind wir nur 0. Ihr werdet sagen: »Aber das sind doch nur Deutungen!« Oh ja, dies sind Deutungen.

Die Zahl 10 bedeutet, dass ein Lichtbringer die Dunkelheit der Materie durchdringt und sie erhellt, um sie zu studieren. Wie der Höhlenforscher, der mit einer Taschenlampe in die Finsternis der Grotte hinabsteigt. Wie der Jäger, der in den Wald eindringt, denn symbolisch ist die Jagd etwas anderes als die Verfolgung eines Hirsches oder eines Wildschweines: Im spirituellen Leben gibt es anderes Wild zu verfolgen, andere Schätze zu entdecken.

Und die Zahl 10 ist auch in uns: Sie ist der Verstand (die 1) und das Herz (die 0). Mit dem Verstand sollten wir in das Herz eindringen (in unseres und in das der anderen), um es zu erhellen und mit ihm zu arbeiten. Der Verstand sollte wie der Kolben immer wieder in das Herz eindringen und wieder herauskommen. Wer seinen Verstand nicht so gebraucht, ist unfähig, etwas zu verstehen und vor allem unfähig, sich selbst zu erkennen. Man kann sagen, dass die Zahl 10 das »Erkenne dich selbst« darstellt. Indem man mit seinem Licht die tiefen Abgründe des Herzens durchdringt, erkennt die Weisheit dort die Schätze, die versteckten Edelstein- und Metallminen und wertvolle Flüssigkeiten. In diesen dunklen Schacht des Herzens steigt der Verstand hinab und kommt wieder heraus. Er steigt hinab und kommt wieder heraus, um aus dem Schacht das kostbare Wasser herauszuholen. Die Zahl 10 stellt also die Arbeit des Verstandes am Herzen dar, aber auch die des Geistes an der Seele. In ihrem erhabenen Sinne stellt die Zahl 10 den Menschen dar, dessen Geist in die Tiefen der kosmischen Seele eintaucht, um die darin enthaltenen Mysterien zu durchdringen und völlig erleuchtet wieder herauszukommen.

Das Ziel ist, die 10 auf den höheren Ebenen zu erkennen. In jedem Geschöpf gibt es eine weibliche Seite, die die Finsternis darstellt und eine männliche Seite, die das Licht bringt. Man findet diese beiden Aspekte besonders entfaltet bei all jenen Menschen, die große Schöpfer waren. Die 10 ohne Licht ist eine 10 in der zweidimensionalen Welt. In der dreidimensionalen Welt ist die 10 mitten im Licht tätig. Auch dies zeigen uns die vier Buchstaben des Namen Gottes. *Jod* י: der Vater, *He* ה: die Mutter, *Vau* ו:

der Sohn und *He* ה: die Tochter, entsprechen den vier Prinzipien im Menschen: dem Geist (der 1), der Seele (der 2), dem Verstand (der 3) und dem Herzen (der 4).[1] Zählt 1+2+3+4 zusammen, das gibt 10... Das ist der Reichtum! In der 10 leben heißt, ein reines Herz besitzen, einen lichtvollen Verstand, eine Seele weit wie das Universum und einen Geist, der mächtig ist und alle Hindernisse überwindet.

Die Zahl 10, wie übrigens alle anderen Zahlen auch, gibt uns Arbeitsmethoden. Unsere Füße und Hände sind Instrumente zur Verwirklichung, denn durch die Füße bewegen wir uns fort und durch die Hände handeln wir. Habt ihr euch gefragt, warum wir 10 Zehen und 10 Finger haben? Wenn Menschen sich zusammenschließen, um gemeinsam zu arbeiten, so formen sie die 10: Wenn ihr jemandem die Hand gebt, so ergibt dies die 10. Diese Geste wird nicht zufällig gemacht. Zahlreiche Gesten, die man so gewohnt ist, dass sie automatisch geworden sind, haben in Wirklichkeit einen tiefen Sinn. Ihr habt mit jemandem eine Verabredung, um mit ihm zu sprechen oder zu essen oder um ein Projekt zu beschließen: Ihr beginnt den Kontakt mit einem Händedruck und so schafft ihr eine Verbindung. Eine der Hände stellt immer die 1 und die andere die 0 dar. Wenn beide diese Geste bewusst machen, so spielt jede Hand ihre Rolle und das Ergebnis ist eine konstruktive Harmonie.

Zwei Menschen, die sich die Hand geben, zeigen, dass sie den Wunsch haben, sich zu verstehen, aufeinander zu hören, um danach auf dem gleichen Weg zu gehen. Ja, aber nur unter der Voraussetzung, dass die eine der Hände eine positive Energie und die andere eine negative Energie besitzt. Wenn beide Hände 0 oder 1 sind, so passen sie nicht zusammen. Zwei aktive, positive Hände verursachen Konflikte. Zwei passive, negative Hände bleiben untätig, unwirksam. Die Geste des Händegebens setzt immer voraus, dass man die 10 erzeugen sollte, d. h. eine geordnete Tätigkeit, wobei jede Hand die 5 darstellt. Sich die Hand geben bedeutet: »Ich möchte versuchen, mit dir einen Austausch zu pflegen; schauen wir, ob wir zusammen arbeiten können.« Aber wie viele Leute beschäftigen sich damit, die Sprache der Hände zu verstehen? Sie geben sie sich, ohne sich von ihnen belehren zu lassen, und dies bringt viel Reiberei und Enttäuschung mit sich.

Noch ein Beispiel aus dem Bereich der Pädagogik. Ihr habt einen Sohn und ihr wollt ihn erziehen. Nun gut, dies ist aber unmöglich, wenn ihr nicht zuvor herausgefunden habt, was ihn zur Arbeit antreiben kann, d. h. was für ihn seine 0 ist, die 0 seiner 1. Ohne die 0 von jemandem zu kennen, kann man nichts für ihn tun. Diese 0 kann eine Wissenschaft, eine Kunst, ein Freund, ein Ehrgeiz, eine Tugend sein. Die Eltern, denen es gelingt, die 0 ihrer Kinder zu kennen, können ihnen die Bedingungen schaffen, um ihre 1 in Bewegung zu setzen und so die 10 zu erhalten. Deshalb sollte man der Menschheit zahlreiche Tätigkeiten anbieten. Diese Tätigkeiten bilden so die 0, die sie durchdringen können und die wiederum auf sie zurückwirkt.

Die Zahl 10 lehrt uns, gleichzeitig mit dem männlichen und dem weiblichen Prinzip zu arbeiten und Mann und Frau zu sein, aber auch Kind und Greis. Der Greis ist der Verstand. Das Kind ist das Herz. Wenn man die beiden zusammenbringt, verwirklicht man auch die Zahl 10. Ist das Kind nicht wie eine 0? Es ist biegsam, es rollt überall wie ein Ball umher, es macht Luftsprünge. Der Greis ist die 1, starr, unerbittlich. Zurzeit lehnen es die Menschen ab, wie Kinder zu sein, um ihre Autorität, ihr Prestige bewahren zu können, nur das zählt für sie. Aber um die Liebe anzuziehen, muss man ein Kind sein. Und um mit den anderen ausgeglichene Beziehungen einzugehen, sollte man gleichzeitig Kind und Greis sein: Man sollte eine 10 in Aktion sein.

Wir sollten die Zahlen studieren, um darin Arbeitsmethoden zu entdecken. Ja, die Zahlen sind fähig, uns zu helfen, es liegt an uns, zu lernen sie zu gebrauchen. Wer mit der 10 arbeiten kann, fühlt sich reich und vollständig, denn die 10 ist die Zahl der Ehe. Diese Ehe, nach der sich die Menschen so sehr sehnen, diesen Wunsch, einen Menschen zu finden, der sie ergänzt, sollte jeder zuerst in sich selbst verwirklichen. Wie soll man innerlich heiraten, um die 10 zu bilden? Mit wem oder mit was soll man sich verheiraten? Das ist das Wesentliche. Alle sollten heiraten, nicht einen einzigen Junggesellen sollte es geben. Und diese Ehe, nach der wir uns sehnen sollten, ist die zwischen der Materie und Gott in uns, die Ehe zwischen unserem Körper und unserem Geist.[2]

Anmerkungen

1. Siehe Band 32 der Reihe Gesamtwerke »Die Früchte des Lebensbaums«, Kapitel 4: »Das Tetragrammaton und die zweiundzwanzig Planetengeister« und Band 236 der Reihe Izvor »Weisheit aus der Kabbala«, Kapitel 10: »Die kosmische Familie und das Mysterium der Heiligen Dreifaltigkeit«.
2. Siehe Band 241 der Reihe Izvor »Vom Stein der Weisen«, Kapitel 9: »Die alchimistische Arbeit: die 3 über der 4« und Kapitel 10: »Der Stein der Weisen, Frucht einer mystischen Vereinigung«.

Teil 2

Wie hat das männliche Prinzip, die 1, das weibliche Prinzip, die 0, die Materie geschaffen? Es hat sich gebogen und die beiden Enden verbunden. In dem Moment ist der Kreis entstanden, und dieser Kreis stellt die Materie, das ganze Universum dar.

Wie viel gibt es noch zu sagen über die 1 und die 0! Schaut: Man kann die 1 vor die 0 stellen oder die 0 vor die 1. Wenn man die 1 vor die 0 stellt, steigert man seine Macht um das Zehnfache: Die 1 wird zur 10. Wenn man aber die 0 vor die 1 stellt (01), vermindert man seine Kraft und seinen Wert um das Zehnfache.

Übertragen wir nun dieses Phänomen auf das Innenleben. Wenn ihr die 0, euch selbst an die erste Stelle setzt und die 1, das göttliche Prinzip an die zweite Stelle, nach euch, vermindert ihr eure Fähigkeiten und eure Möglichkeiten voranzukommen. Wenn ihr hingegen sagt: »Herr, nur Du bist wirklich groß, mächtig und weise. Ich werde Dich vor mich setzen, immer an die erste Stelle und Dir folgen«, dann steigert ihr eure Fähigkeiten, ihr werdet zur 10. Dies ist die Einstellung des wahren Spiritualisten: Er setzt den Herrn an die erste Stelle, um gut beraten, gut geführt zu werden. Dies ist die wahre Demut, die die Einweihungswissenschaft lehrt.

Die wahre Demut besteht nicht wie viele geglaubt haben darin, sich selbst herabzusetzen bis man vollständig ausgelöscht ist und seine Zeit damit zu verbringen zu sagen: »Ich bin nichts, ich bin nichts wert.«[1] Die wahre Demut besteht darin, der Gottheit den ersten Platz einzuräumen, um all ihre Qualitäten zu erlangen. Dann stellen sich alle 0, die ihr in euch besitzt, hinter die 1 und werden zu Reichtümern. Aber wie viele Menschen sind fähig, diese Wahrheit zu verstehen? Die Ideen, die zurzeit verbreitet sind, drängen sie im Gegenteil dazu, sich vor den Herrn zu stellen und sogar an die Stelle des Herrn! So schrumpfen sie, schwächen sich und löschen sich selbst aus, bis sie fast verschwinden. Sie haben zu viele 0 an die erste Stelle gesetzt.

Manche sagen: »Wir haben verstanden, da die 0 nichts Besonderes ist, werden wir uns ihrer entledigen und nur die 1 behalten.« Aber nein, auch dies habt ihr schlecht verstanden. Die 0 ist notwendig, man darf sie nicht unterdrücken. Wenn ihr keine 0 mehr habt, so habt ihr keine Materie mehr, an der ihr arbeiten könnt, und ihr werdet leistungsschwach. Achtet nur darauf, die 1 vor die 0 zu setzen, d. h. nicht immer den ersten Platz euren persönlichen Interessen und Plänen zu geben. Setzt all dies ein bisschen zurück, und ihr werdet euch aufgeklärter, geführter und beschützter fühlen.

Die Größe dieses so unvollkommenen Wesens wie es der Mensch ist, besteht darin zu verstehen, dass er trotz seiner Unzulänglichkeiten Wunder wirken kann, wenn er den Herrn an die erste Stelle in seinem Kopf und in seinem Herzen setzt. Ohne den Herrn kommt der Mensch nicht sehr weit. Was immer er auch tut, wird menschlich und mittelmäßig sein.[2] Dies sollte er verstehen und alles unternehmen, damit der Herr in ihn eindringt, sich durch ihn offenbart und ihn in Seine Dienste nimmt. Dieser ganze innere Weg wird in den Zahlen 1 und 0 zusammengefasst. Wer dies verstanden hat, wird zur 10. Die Menschen, die sagen: »Der Herr? Aber wir brauchen Ihn doch nicht, wir sind intelligent und das Universum gehört uns«, sie haben die 1 immer mehr nach hinten versetzt, sie haben sie hinter einer ganzen Reihe von 0 eingereiht und dies ist die schlechteste Philosophie. Die 0 ist sehr wichtig, unerlässlich, denn sie ist die Stütze der 1, aber sie muss an zweiter Stelle stehen.

Diese Frage der 1 und der 0 ist unerschöpflich und ich kann euch noch eine Deutung geben. Nehmt an, ihr habt das Fühlen an die erste Stelle gesetzt und das Denken dahinter. Ihr gebt euch euren Impulsen, euren Eindrücken hin, ohne zu überlegen, ohne nachzudenken. Nun gut, aber dies verringert den Wert eurer Tätigkeit, und ihr riskiert sogar, euch das Genick zu brechen. Dies soll aber nicht heißen, das Fühlen zu unterdrücken, nein, dies würde bedeuten, dass ihr die unermesslichen Reichtümer der Materie links liegen lasst, an denen das Denken arbeiten sollte. Setzt nur das Denken an die erste Stelle, damit ihr immer die richtigen Lösungen, die richtigen Verhaltensweisen findet. Dies lehrt uns die 10: dass wir das Denken vor das Fühlen setzen sollten.

Man sollte die 0 nicht unterdrücken, sie ist äußerst nützlich, da sie den Wert der 1 erhöht. Aber die 0 ist das Reservelager und die Reserven müssen sich damit abfinden nachzufolgen.

Anmerkungen

1. Siehe Band 221 der Reihe Izvor »Alchimistische Arbeit und Vollkommenheit«, Kapitel 11: »Hochmut und Demut«.
2. Siehe Band 3 der Reihe Gesamtwerke »Die beiden Bäume im Paradies«, Kapitel 2: »Die beiden ersten Gebote«.

Kapitel 4

Der jeweilige Platz des Männlichen und des Weiblichen

Teil 1

Adam und Eva: Geist und Materie

Die beiden Prinzipien Männlich und Weiblich stehen am Anfang der Schöpfung. Mit nur einem Prinzip ist keine Schöpfung möglich. Sie müssen zusammen und vereinigt sein. Diese beiden Prinzipien existieren zuallererst oben (der Himmlische Vater und die Göttliche Mutter). Dort erschaffen sie unaufhörlich Welten, die von unzähligen Geschöpfen bevölkert sind. Auf der physischen Ebene hat das Männliche eine vom Weiblichen getrennte Existenz, aber oben sind Männlich und Weiblich eins.

In der Genesis steht geschrieben: »Gott schuf den Menschen nach Seinem Bilde, nach dem Bilde Gottes schuf Er ihn, ... als Mann und Frau schuf Er ihn.« Dies bedeutet laut dem *Sohar*, dass Gott Adam, den ursprünglichen Menschen, männlich und weiblich schuf, d. h. im Besitze der beiden Prinzipien. Ihr werdet sagen: »Ja, aber was ist mit Eva? Es steht doch geschrieben, dass Gott danach Eva schuf.« Ja, Gott ließ das weibliche Prinzip aus dem männlichen Prinzip hervorgehen, Er hat sie von ihm abgegrenzt. Dies ist der Sinn dieser Darstellung, die die Theologen so sehr beschäftigt hat: Gott ließ Eva aus einer Rippe Adams hervorgehen.

Adam und Eva sind nicht ein Mann und eine Frau, sondern Symbole. Adam ist das männliche Prinzip, das Eva, das weibliche Prinzip hervorgebracht hat. Was bedeutet dies? Dass das erste Prinzip seinen extrem subtilen Zustand verlassen hat, um sich zu verdichten, und durch den Vorgang des Verdichtens hat es ein anderes Prinzip erschaffen: Eva. Wenn in der Genesis geschrieben steht, dass Adam vor Eva geschaffen wurde, so deshalb, weil Moses, der ein Eingeweihter war, wusste, dass das männliche Prinzip immer zuerst kommt. Es kommt zuerst, weil es das schöpferische Prinzip ist, das den Ursprung der Schöpfung, also der Materie bildet. Die Materie ist ein Produkt des Geistes. Dies hat Moses durch das Bild Evas dargestellt, die aus der Rippe Adams entnommen wurde. Die Materie ist eine Verdichtung der Geisteskräfte, deshalb kommt, symbolisch gesprochen, das weibliche Prinzip immer nach dem männlichen Prinzip. Dies drücken auch die beiden ersten Buchstaben des Namen Gottes aus: *Jod He* יה.

Dem Buchstaben *Jod* י, dem Symbol des männlichen Prinzips folgt der Buchstabe *He* ה, das Symbol des weiblichen Prinzips. Schaut einmal ihre Formen an. Sie sind sehr bezeichnend. Das *He* ist wie ein umgekehrter Behälter oder Kelch. *Jod* ist der kleinste Buchstabe des hebräischen Alphabets, er gleicht einem Punkt oder genauer gesagt einem Keim, der das erste Element eines lebendigen Wesens ist. Im Moment der Befruchtung empfängt das Ei der Mutter den Samen, und ein neues Leben beginnt.

Am Anfang ist *Jod* da. Der Punkt hat keine Dimension und es ist beinahe unmöglich ihn zu definieren. Wenn sich der Punkt aber bewegt, bringt er die Linie hervor und wenn sich die Linie bewegt, bringt sie die Oberfläche hervor. Wenn sich die Oberfläche bewegt, bringt sie das Volumen hervor, d. h. den dreidimensionalen Raum. Linie, Oberfläche, Volumen sind alle aus der Bewegung des Punktes hervorgegangen. Wenn ihr jetzt eine Linie rund um ihren Ausgangspunkt in Bewegung setzt, so erhaltet ihr einen Kreis. Der Kreis und sein Radius stellen die Einheit der geraden und der gekrümmten Linie dar. Der Punkt ist also der Ursprung all dieser Figuren und der Punkt im Kreis symbolisiert den kosmischen Geist, der die Materie des Universums belebt. Dies wollten die Kabbalisten ausdrücken, als sie das *Jod* in das *He* hineinschrieben ה.

Ihr versteht jetzt besser, in welchem Sinne es zu verstehen ist, dass Eva aus einer Rippe Adams entnommen wurde. Danach haben Adam und Eva zusammengearbeitet, um Kinder zu zeugen, d. h. alles, was wir in der Natur sehen, ist das Spiegelbild dieser zwei großen Prinzipien in der oberen Welt. Ein Baum spiegelt sich im Wasser. Wenn wir sein Spiegelbild unten sehen können, so bedeutet dies, dass der Baum oben existiert. Durch dieses sehr einfache Bild können wir die Evolution verstehen.

Dem, was die Wissenschaft »die Evolution der Arten« nennt, ging notwendigerweise eine Bewegung der Involution voraus, denn nichts kann sich zu etwas Höherem entwickeln, wenn nicht zuvor etwas herabgestiegen ist. Um wieder zum Himmel hinaufsteigen zu können, muss man zuerst vom Himmel herabgestiegen sein, wo alles seinen Ursprung hat. Dies ist wahr für die Materie, dies ist wahr für den Menschen und für alles, was existiert. Die Evolutionstheorie von Lamarck und Darwin sieht nur fünfzig Prozent der Wirklichkeit. Vor der Evolution der Materie gab es eine Involution des Geistes. Die Entwicklungstheoretiker haben die Dinge nur von außen betrachtet, vom Gesichtspunkt der Organisation der Materie, ohne sich der unsichtbaren Kräfte bewusst zu sein, die zuvor an ihr gearbeitet haben. Die Evolution ist nur die Hälfte eines Entstehungsvorganges. Dadurch dass man sie von der Wahrheit des Lebens abgeschnitten hat, nimmt sie in der Natur nicht mehr den richtigen Platz ein. Ihr werdet es nicht schaffen, mir zu beweisen, dass eine Evolution möglich ist, ohne dass zuvor ein Impuls diese Evolution ausgelöst hätte und noch immer aufrechterhält. Und dieser Impuls kommt von der höheren Welt. Zuallererst ist der Geist herabgestiegen, und wenn sich die Materie entwickelt, so deshalb, weil sie von der aufsteigenden Bewegung des Geistes mitgerissen wird, der sie wieder mit hinauf nimmt an ihren Ursprungsort.[1]

Das männliche Prinzip ist also das erste Prinzip und muss das erste bleiben. Aber damit sich die Männer jetzt nicht besser und die Frauen sich nicht angegriffen fühlen, sage ich »das männliche Prinzip« und nicht der Mann. Hier handelt es sich um Prinzipien. Und auch im Mythos der ersten Sünde sollte man Prinzipien sehen und nicht einen Mann und eine Frau.

Gott schuf den Mann, Adam, nach Seinem Bilde: Und Gott selbst stellte ein Ideal für ihn dar. Danach nahm Gott eine Rippe Adams, um die Frau, Eva, zu schaffen, und der Mann wurde so das Ideal für die Frau. Der Mann, der seiner Essenz, seinem Lichte nach näher bei Gott war, konnte der Frau Kräfte übermitteln, die sie nicht direkt empfangen konnte. Nun unternahm aber Eva große Anstrengungen, um Adam zu sich hinzuziehen, sodass er das andere Zentrum, Gott, vergaß und sich von Ihm abwandte, worauf beide abstürzten. Solange Adam Gott ins Zentrum seines Lebens setzte, war er glücklich, frei, er lernte und dank ihm lernte auch Eva. Und so wie Adam das, was er lernte, Eva weitergab, so gab Eva das, was sie von Adam lernte, anderen Geschöpfen weiter: den Tieren, den Pflanzen und den Geistern, die auf der Entwicklungsleiter weiter unten angesiedelt waren. Als Adam sich von Gott abwandte, um sich Eva zuzuwenden, löste dies eine Katastrophe aus, denn sie hatten sich nicht nur gegenseitig verloren, sondern alle Wesen, die von Eva lernten, wurden durch den Sündenfall Adams und Evas mitgerissen.[2]

Das ganze Unglück der Menschen kommt von ihrer Ablehnung der Hierarchie im Universum. Man kann diese Idee auch ausdrücken, wenn man sagt, dass man die Reihenfolge der Buchstaben des Namen Gottes umgedreht hat. *He* wurde vor *Jod* gestellt. Mit anderen Worten gesagt: Man hat das weibliche Prinzip, die Materie, vor das männliche Prinzip, den Geist, gestellt. Nun ist es aber gar nicht möglich, die materiellen Probleme zu lösen, wenn man die Materie an die erste Stelle setzt, auch wenn viele davon überzeugt sind.

So sollte man die Erzählung der ersten Sünde verstehen. Es handelt sich hier nicht um die Geschichte der Frau Eva, die den armen unglücklichen Mann Adam durch ihre Verführungskunst verzaubert hat (schade für die, die diese Geschichte so zurechtlegen, denn sie erlaubt ihnen, ihre Verachtung und Ablehnung gegenüber der Frau zu rechtfertigen). Es handelt sich hier um die Umkehrung der Reihenfolge der beiden Prinzipien.

Anmerkungen

1. Siehe Band 26 der Reihe Gesamtwerke »Der Wassermann und das Goldene Zeitalter«, Kapitel 2: »Die wahre Religion Christi«, Teil 5.
2. Siehe Band 8 der Reihe Gesamtwerke »Sprache der Symbole, Sprache der Natur«, Kapitel 9: »Warum der Mensch beim Sündenfall die Tiere mit sich gezogen hat«.

Teil 2

Adam und Eva: Weisheit und Liebe

In der Genesis steht geschrieben, dass Adam und Eva ungehorsam waren, dass sie das ihnen auferlegte Verbot nicht befolgten und von der verbotenen Frucht aßen. Durch diesen Ungehorsam entfernten sie sich von ihrem Schöpfer und jetzt müssen sie den Weg nach Hause wieder finden. Da es sich hier um eine symbolische Erzählung handelt, kann man es verschieden interpretieren. Wenn man die Sprache der Symbole respektiert, wird man auch immer richtig interpretieren.[1] Aber vor allem muss man sich immer wieder vergegenwärtigen, dass es sich hier um Prinzipien handelt und nicht um zwei Menschen namens Adam und Eva.

Das Wesen, das wir Gott nennen, ist sowohl männlich als auch weiblich, dies habe ich euch bereits gesagt: der Himmlische Vater und die Göttliche Mutter. Und auch der Mensch, der nach dem Bilde Gottes geschaffen wurde, ist polarisiert in einen männlichen Teil (Adam) und in einen weiblichen Teil (Eva). Wenn er sich inkarniert, verlässt er gezwungenermaßen seine himmlischen Eltern. Aber auch wenn er sie verlassen muss, darf er die Verbindung mit ihnen nicht abbrechen.

Sein Vater und seine Mutter haben ihn nicht einfach allein und hilflos zurückgelassen, sondern sie haben ihm die Mittel gegeben, in Kontakt mit ihnen zu bleiben und diese Mittel sind die Seele (weiblich) und der Geist (männlich). Ja, aber die Seele und der Geist sind lebendige Wesen, sie sind keine leblosen Objekte wie eine Schnur oder eine Kette. Und damit der Mensch dem Himmlischen Vater und der Göttlichen Mutter verbunden bleibt, muss er mit der Weisheit (dem männlichen Prinzip) und der Liebe (dem weiblichen Prinzip) arbeiten. Diese beiden sind göttliche Attribute, aus denen alles andere hervorgeht. Und da nur entgegengesetzte Pole sich anziehen, muss sich die Seele mit dem Himmlischen Vater verbinden und mit der Weisheit arbeiten, und der Geist muss sich mit der Göttlichen Mutter verbinden und mit der Liebe arbeiten.

Unser Geist muss also durch die Liebe den Kontakt mit seiner Mutter aufrechterhalten, und unsere Seele muss durch die Weisheit die Verbindung mit ihrem Vater aufrechterhalten. Auf diese Art und Weise übermitteln sie ihr Licht unserem Verstand und unserem Herzen. Sonst werden der Verstand und das Herz, die dieses Licht nicht besitzen, die Sünde Adams und Evas im Paradies wiederholen. Genau wie Eva auf die irrigen Versprechungen der Schlange, einem irdischen Tier, gehört hat und den schwächeren Adam mitgerissen hat, so reißt das Herz durch die Versprechungen der materiellen Befriedigungen den schwächeren Verstand mit. Ja, das menschliche Herz ist immer stärker als der Verstand.

Adam und Eva in uns können sich vereinen und eine gute Arbeit leisten, wenn sie ihrem Vater und ihrer Mutter, der Weisheit und der Liebe, treu bleiben. Was passiert sonst? Der kabbalistischen Überlieferung zufolge war die Schlange der Genesis der Dämon Samael. Eva hörte auf Samael und verließ ihren Vater, die Weisheit, um ihm zu folgen. Danach machte Adam es Eva nach und verließ seine Mutter, die Liebe, um sich mit Lilith, einem weiblichen Dämon zu verbinden. Auch diese Geschichte ist symbolisch zu verstehen. Sie bedeutet, dass in dem Moment, wo das Herz und der Verstand nicht mehr die wahre Weisheit und die wahre Liebe empfangen, die ihnen von Geist und Seele vermittelt werden, sie den Mächten der Finsternis ergeben sind.

Folgende Lektion können wir aus dieser symbolischen Erzählung ziehen: Die Menschen sollten nicht ihren inneren Himmel, in dem ihre Eltern wohnen, verlassen. Sie sollten ihren himmlischen Eltern treu bleiben. Sie sollten nicht auf die Erde hinabsteigen, d. h. sie sollten nicht die Region der Begrenztheit, der Kälte und der alles verschlingenden Finsternis betreten. Der Himmel symbolisiert alles, was sprudelt, blüht und unaufhörlich reift. Wenn man seine himmlischen Eltern verlässt und glaubt, man finde woanders sein Glück, verrät man sie. Dann versiegt die Quelle und man leidet unter Dürre, Disharmonie und Streit. Man hat seinen Vater, den rechten Gedanken, die Weisheit, im Stich gelassen oder man hat seine Mutter, die Gefühle der reinen Liebe verlassen, um sie durch eine Braut oder einen Bräutigam einzutauschen, die ganz und gar gewöhnlich sind, d. h. gegen die Versuchungen der Materie, die Lust an den Vergnügungen, den sozialen Ehrgeiz und alle Kompromisse, die man bereit ist zu schließen, weil man die Mühelosigkeit sucht.

Wie oft im Leben wiederholen wir diese Sünde von Adam und Eva! Das Herz und der Verstand, anstatt von der Seele und vom Geist inspiriert zu werden, leisten sich gegenseitig Beistand bei ihren Unternehmungen, die weder von der wahren Weisheit noch von der wahren Liebe inspiriert sind und verwickeln die Menschen in jämmerliche Abenteuer. Man sieht sie verirrt und ratlos, und sie rufen um Hilfe wie das Kind, das sich in der Menge verirrt hat und weint: »Ich habe meine Mama verloren, ich habe meinen Papa verloren!« O ja, wie viele Menschen sind in diesem Zustand!

Dies ist also die Geschichte von Adam und Eva. Adam ist kein Mann und Eva ist keine Frau und man sollte also nicht alle Männer mit Adam gleichsetzen und alle Frauen mit Eva. Die Geschichte von Adam und Eva ist eine Beschreibung von psychischen Prozessen, die sich in jedem von uns abspielen, ob wir nun Mann oder Frau sind. Wenn wir unseren Verstand und unser Herz nicht mehr mit unserer Seele und unserem Geist verbinden, die Spiegelungen des kosmischen Geistes und der universellen Seele sind, werden wir von niederen Regionen angezogen, und wir kommen zu Fall. Das ist der »Sündenfall«. Es liegt also an uns, uns anzustrengen, um nicht den Himmel, den Garten Eden zu verlassen. Wenn wir uns oben nicht genug festklammern, wird uns die Tiefe verschlingen.

Manche sagen, dies alles sei aber sehr kompliziert. Im Gegenteil, es ist sehr einfach, sehr klar. Sie finden, dies sei kompliziert, weil sie noch nicht gewohnt sind, mit den universellen Symbolen zu denken und zu überlegen. Wenn sie jetzt lieber bei der Geschichte eines Mannes und einer Frau in einem Garten mit einer Schlange und einem Apfel bleiben wollen, wenn sie dies klarer und besser für ihre Entwicklung finden, habe ich nichts dagegen, sie sind frei!

Anmerkung

1. Siehe Band 3 der Reihe Gesamtwerke »Die beiden Bäume im Paradies«, Kapitel 9: »Die beiden Bäume des Paradieses«.

Teil 3

Die Mentalebene und die Astralebene

Das männliche Prinzip geht immer dem weiblichen Prinzip voran, dies habt ihr nun verstanden. Deshalb steht im Menschen der Bereich des Verstandes, die Mentalebene, die männlich ist, über dem Bereich des Herzens, der Astralebene, die weiblich ist. Damit die Strömungen, die das Universum ernähren, in uns harmonisch zirkulieren können, muss die Mentalebene, unser Verstand, auf die göttliche Welt ausgerichtet sein und die Astralebene, unser Herz, auf die Mentalebene. Sobald der Verstand sich von der göttlichen Welt abwendet, um sich den Manifestationen der Astralebene zuzuwenden, missachtet er die Ordnung des Universums und der Kreislauf funktioniert nicht richtig.

Die Intelligenz, das Denken, muss in allem das Gefühl, die Empfindung, übertreffen. Und hier habt ihr noch ein Anwendungsbeispiel dieser Regel: Warum sind so viele Menschen psychisch unausgeglichen? Weil sie zu empfänglich sind. Sie sind offen für alle Einflüsse, die schlechten wie die guten, und nach einiger Zeit wissen sie nicht mehr, wo ihnen der Kopf steht. Sie sollten also nachdenken, studieren und die Wirkungen dieser Einflüsse auf ihr Innenleben analysieren, nur die segensreichen annehmen und die anderen von sich weisen. Dies ist noch ein Fall, wo das männliche Prinzip an erster Stelle stehen sollte. Dies sollten vor allem Menschen lernen, die die Fähigkeiten eines Mediums entfalten wollen, was eine typisch weibliche Aktivität ist, weil sie die Empfänglichkeit voraussetzt.[1] Die Kristallkugel, die von den Medien als Mittel ihrer Hellsicht verwendet wird, entspricht dem weiblichen Prinzip in der Natur: dem Wasser. Medium zu sein setzt voraus, den Geistern und Strömungen der unsichtbaren Welt gegenüber empfänglich zu sein. Aber diese Geister und diese Strömungen sind nicht alle lichtvoll, rein und segensreich. Und wenn man sich nicht zuvor darin geübt hat, die Natur dieser Einflüsse zu studieren und zu fühlen, wenn man nicht seinen Willen entfaltet hat, um fähig zu sein, die dunklen Wesenheiten von sich zu weisen, wird man ihr Opfer.

Man sollte sehr vorsichtig sein, wenn man diesen Bereich der unsichtbaren Wirklichkeiten erkundet, und man sollte nicht nur vorsichtig sein, sondern es ist notwendig, einen soliden Verstand zu besitzen.[2] Jetzt, wo die okkulten Wissenschaften sich zu verbreiten beginnen, gibt es immer mehr Leute, die von schwarzer Magie reden hören, und weil sie von schwarzer Magie reden hören, sehen sie überall schwarze Magie. Sobald ihnen etwas Schwieriges oder Schmerzhaftes zustößt, erklären sie es mit der schwarzen Magie: Man fügt ihnen schwarze Magie zu! Aber für wen halten sie sich denn? Als stellten sie jemand derartig Mächtigen, derartig Furcht Erregenden dar, dass die ganze Welt sich zusammenschließen muss, um sie zu unterdrücken! Die Wahrheit besteht darin, dass sie vor allem unwissend und schwach sind. Sie haben die empfängliche Seite in sich so sehr entfaltet, sie haben so sehr die Gewohnheit angenommen, auf der Astralebene, in den Empfindungen, den Emotionen herumzuwaten, dass sie nun die anderen beschuldigen, anstatt dass ihnen bewusst wird, dass sie selbst verantwortlich sind für das, was ihnen widerfährt. Auf der anderen Seite hingegen gibt es Leute, die niemals an die schwarze Magie denken, sie glauben nicht einmal, dass es so etwas überhaupt gibt, und sie lachen sogar, wenn man davon spricht. Natürlich sind sie im Unrecht, wenn sie nicht daran glauben, aber wenigstens reagieren sie, wenn sie Schwierigkeiten haben, sie sind dynamisch und haben keine Angst.

Unglücklicherweise gibt es die schwarze Magie, aber es ist besser, über dieser Furcht zu stehen, um sich nicht schwächen und lähmen zu lassen. Wenn ihr in euch die Empfindung aufrechterhaltet, dass man euch schwarze Magie antun könnte, zieht ihr bereits negative Strömungen an. Ja, sobald ihr schwach seid, zieht ihr schlechte Strömungen und alle dunklen Dinge an, die in der Atmosphäre schweben. Das ist genau wie bei den Seuchen: Wenn ihr schwächlich und empfänglich seid, fangt ihr alle Mikroben der Leute auf, die ihr trefft. Aber wenn ihr robust, widerstandsfähig und ausstrahlend seid, entgeht ihr ihnen.

Also beunruhigt euch nicht wegen der schwarzen Magie, sondern werdet stärker, denkt an das Licht, arbeitet mit dem Licht und das Licht in euch wird alles, was negativ ist, abstoßen. Ein sich sehr schnell drehendes Rad schleudert allen Schmutz von sich, aber sobald es beginnt, sich langsam zu drehen, bleibt der ganze Schmutz kleben. Eine stark sprudelnde Quelle spült die Blätter und Zweige fort, die sie verstopfen könnten. Werdet also wie die Quelle, lasst euch nicht gehen, vermeidet die psychische Faulheit. Warum nehmen die Menschen Zuflucht zur Schwäche, zur Sentimentalität? Anstatt nachzudenken, zu überlegen und nach Lösungen zu suchen, nehmen sie eine passive Haltung an: Sie beklagen sich und tun alles, damit man sie bedauert: »Ja, ich verstehe, du bist wirklich unglücklich!« und dann weinen sie doppelt so laut. Wie die Kinder: Ein Kind fällt zu Boden und beginnt zu weinen. Wenn ihr ihm sagt: »Oh mein Kind, du hast dir weh getan, das ist ja schrecklich!«, so beginnt es doppelt so laut zu weinen. Aber wenn ihr ihm sagt: »Schau, das ist nicht so schlimm, du hast ja gar nichts, du kannst gleich weiterspielen«, dann hört es auf, wischt sich die Tränen weg und vergisst sofort sein Wehwehchen.

Man sollte intelligent sein, wenn man den Menschen helfen will, sonst drückt man sie noch mehr in ihre Schwächen hinein. Wie viele Erwachsene sind wie die Kinder! Sie weinen ständig, und die anderen Unwissenden, die glauben, sie tun ihnen etwas Gutes, trösten sie ständig. Von nun an sollte man anders reagieren und das männliche Prinzip, die Mentalebene, das Denken, anrufen.

Ich rate euch also, euch nicht einmal um die schwarze Magie zu kümmern und vor allem nicht zu glauben, sie könnte euch so einfach erreichen. Wenn ihr eine Arbeit mit den Gedanken ausführt, um euch mit den himmlischen Wesenheiten, mit dem Licht zu verbinden, seid ihr geschützt. Und selbst wenn es Personen gäbe, die versuchten, euch durch Magie zu schaden, so würde dies auf sie selbst zurückfallen: Sie würden dem Rückstoß ausgesetzt sein.[3] Denn das Böse kann nicht in einen Menschen eindringen, der vom

Herrn, von den Engeln besetzt ist. Es wird zurückgestoßen und fällt auf den Kopf dessen, der es geschickt hat. Haltet euch an diesem Gedanken fest und schon seid ihr geschützt. Aber wenn ihr euch immer schwach, verwundbar, schutzlos fühlt, dann, ja dann seid ihr wirklich ausgesetzt. Dies ist noch ein Anwendungsgebiet des Gesetzes der beiden Prinzipien: Wann man empfänglich und wann man ausstrahlend sein soll und warum.

Anmerkungen

1. Siehe Band 228 der Reihe Izvor »Einblick in die unsichtbare Welt«, Kapitel 4: »Die Hellsichtigkeit: Aktivität und Rezeptivität«.
2. Siehe Band 226 der Reihe Izvor »Das Buch der göttlichen Magie«, Kapitel 1: »Die Wiederkehr magischer Praktiken und ihre Gefahr«.
3. Siehe Band 226 der Reihe Izvor »Das Buch der göttlichen Magie«, Kapitel 11: »Die drei magischen Hauptgesetze«.

Teil 4

Der Mann und die Frau

Wenn man den Namen Gottes יהוה studiert, so stellt man fest, dass das männliche und das weibliche Prinzip gleichmäßig darin enthalten sind. Dies zeigt, dass diese beiden Prinzipien gleichwertig sind. Aber dass die Menschen ständig dabei sind, diese göttliche Wirklichkeit zu deformieren, ist eine andere Frage. Ihr werdet sagen: »Aber nein, diese beiden Prinzipien sind nicht gleichwertig, denn das eine muss unbedingt vor dem anderen stehen.« Nein, was ihr unbedingt verstehen müsst, ist, dass der Wert die eine Sache ist und der Platz eine andere. Der Platz ist ein Begriff mit einer materiellen Bedeutung und der Wert ist ein Begriff mit einer spirituellen Bedeutung. Auf der materiellen Ebene kann man nicht allen den ersten Platz geben, selbst wenn sie den gleichen Wert haben, es gibt nur einen ersten Platz.

Um uns dies zu veranschaulichen, nehmen wir zwei Beispiele: Mehrere Personen müssen eine Leiter hoch: Auf jeder Sprosse kann nur einer stehen. Auch wenn sie alle gleich wichtig sind, kann nur einer nach dem anderen hinaufsteigen. Wenn sie sich zu streiten beginnen und jeder zuerst hoch will, so bleiben sie alle unten. Und wenn ihr einem Ehepaar einen Brief schreiben müsst, so seid ihr gezwungen, den Mann und die Frau einen nach dem anderen zu erwähnen: »Herr und Frau X« oder »Frau und Herr X«. Und wenn sie sich da aufregen, weil sich jeder benachteiligt fühlt, wenn er nicht an erster Stelle erwähnt wird, so erhalten sie den Brief gar nie.

Wenn sich die Männer und Frauen wegen des Platzes streiten, so bedeutet dies, dass sie das Problem nicht richtig verstanden haben. Die Frauen beklagen sich, dass die Männer den ersten Platz eingenommen haben, und sie finden dies ungerecht. Ja, es ist dann ungerecht, wenn man den Platz und den Wert verwechselt. Aber wenn sie als Lösung nur anstreben, selbst den ersten Platz einzunehmen, so ist das genauso ungerecht. Die Frage des Platzes ist zweitrangig, den Wert sollte man berücksichtigen und respektieren. Zwei Personen, zwei Gegenstände können den gleichen Wert besitzen und doch nicht den gleichen Platz einnehmen. Man sollte also akzeptieren, dass eine Person vor oder über euch gestellt ist, auch wenn sie keinen höheren Wert besitzt als ihr.

Wenn die Eingeweihten das männliche Prinzip vor das weibliche Prinzip gestellt haben, so nicht deshalb, weil sie denken, das männliche Prinzip sei wichtiger als das weibliche, sondern weil sie sich vor den großen kosmischen Symbolen verneigen. Symbolisch gesprochen stellt das männliche Prinzip den Geist und das weibliche Prinzip die Materie dar. Der Geist, der subtil und flüchtig ist, hat die Tendenz sich nach oben zu erheben, während die schwere Materie nach unten tendiert. Aber beide brauchen einander. Der Geist braucht die Materie, um sich zu inkarnieren, und die Materie braucht den Geist, um belebt zu werden. Die Schöpfung ist nur das Ergebnis dieser Begegnung von Geist und Materie. In einer Familie kann man nicht sagen, dass die Rolle des Vaters höher oder geringer als die der Mutter ist. Die beiden sind gleichwertig, gleich wichtig, da sie beide notwendig sind, um ein Kind zu zeugen.[1] Und die Spiritualisten, die auf die Materie keinen Wert legen, sind genauso im Irrtum wie die Materialisten, die auf den Geist keinen Wert legen.

Das männliche Prinzip wird als aktiv und das weibliche Prinzip als passiv beschrieben, aber die Passivität hat eine genauso wichtige Rolle zu spielen wie die Aktivität. Denn wenn das männliche Prinzip den Inhalt bringt, so bringt das weibliche Prinzip die Form und die Form ist mit einer großartigen Anziehungskraft ausgestattet. Nur um es dem aktiven männlichen Prinzip entgegenzusetzen, definiert man das weibliche Prinzip als passiv. In Wirklichkeit ist das weibliche Prinzip nicht untätig, es führt eine Handlung aus, und diese Handlung, die einen passiven Aspekt besitzt, ist äußerst wirksam. Anstatt sich nach vorne zu begeben, wie das männliche Prinzip, zieht das weibliche Prinzip an. Dies ist seine Aktivität und wer keine wahre Widerstandskraft besitzt, um sich ihm entgegenzusetzen, wird absorbiert. Die männliche Aktivität ist sichtbarer, aber sie ist nicht mächtiger. Man kann sagen, dass aktiv sein bedeutet, vom Zentrum in die Peripherie zu gehen, und passiv sein bedeutet, die Elemente der Peripherie in Richtung Zentrum zu ziehen. Und auch wenn diese Anziehung nicht sehr sichtbar ist, ist sie real, sie wirkt.

Der jeweilige Platz des Männlichen und des Weiblichen... Eines Tages müssen die Männer und die Frauen dieses Problem endlich lösen, das sie ständig aneinander geraten lässt. Jahrhunderte und Jahrtausende lang hat der Mann der Frau gegenüber seine Herrschaft spüren lassen, und nun beginnt man zu sehen, dass sich die Situation umdreht: Die Frau wird mutig, sie akzeptiert es nicht mehr, unter dem Mann stehen zu müssen, sie möchte die gleichen Rechte wie er besitzen, sie ist sogar bereit, seine Rolle zu spielen, seinen Platz einzunehmen. Das ist normal, das ist das Gesetz des Ausgleichs. Der Mann ist zu weit gegangen. Statt ein Vorbild an Ehrlichkeit, Güte und Gerechtigkeit zu sein, damit ihn die Frau schätzt und bewundert, hat er seine Autorität und seine physische Überlegenheit missbraucht. Er hat sich alle Rechte herausgenommen und den Frauen nur Pflichten auferlegt. Wie konnte er nur hoffen, dass diese Situation ewig dauert?

In Wirklichkeit hat die Frau das natürliche Bedürfnis, den Mann zu bewundern, seine Autorität und Kraft anzuerkennen. Aber wenn er sich bloßstellt, wie sollte sie dann eine Überlegenheit anerkennen? Jahrhunderte lang ist ihre Auflehnung innerlich geblieben, aber die Bedingungen haben sich verändert, der Mann ist schwächer geworden, er hat einige strategische Positionen verloren, und die Frau hat sich bewaffnet, sie hat sich diese Positionen angeeignet und sie zeigt sich immer fähiger. Sie stellt Fähigkeiten wie Entscheidungskraft, Intelligenz und Mut unter Beweis. Warum sollte sie dann immer noch eine untergeordnete Stellung einnehmen? Wenn sich der Mann nicht verbessert, wenn er sich nicht anstrengt, wird ihm die Frau eine derartige Lektion erteilen, dass er sich Tausende Jahre daran erinnern wird.[2]

Wenn aber die Frau ihrerseits die Grenzen überschreitet, wenn sie die gleichen Fehler wie der Mann begeht, so wird sie momentan vielleicht Erfolg haben, wird sie überall ihre Meinung durchsetzen, wird sie sich überall einmischen, wird sie alles bestimmen, aber auch sie wird damit enden, dass sie all die Vorteile, die sie sich erobert hat, wieder verliert. Es wird wieder Umstürze geben, die Männer werden wieder erwachen, sie werden reagieren, sie werden die Macht wieder an sich reißen. Und das gleiche Theater beginnt von vorne... Bis wann? Bis die Weisheit zu den einen und zu den anderen gekommen ist. Dann werden sie sich gegenseitig als gleich anerkennen; nicht gleich im selben Bereich, sondern gleich an Wichtigkeit ihrer jeweiligen Funktionen.

Da die Frau der Materie näher ist, ist sie realistischer, konkreter, hat sie mehr gesunden Menschenverstand. Der Mann hingegen, der sich im Bereich der Gedanken und der Abstraktionen wohler fühlt, hat die Tendenz, sich in Theorien zu verlieren, die keinen Bezug zu den Wirklichkeiten des Alltags haben. Er hält Reden, entwirft Pläne, aber oft bleiben seine Reden nur Worte, und seine Pläne erweisen sich als unverwirklichbar. Deshalb langweilt sich die Frau oder macht sich über ihn lustig, wenn sie seine Hirngespinste hört.

Das Verhalten und die Einstellung der Frau steht in Zusammenhang mit ihren Fähigkeiten als Mutter und selbst wenn sie keine Kinder hat, besitzt sie mütterliche Fähigkeiten: Aufopferung, Mitleid und Hingabe für die Schwächeren und alle lebendigen Geschöpfe. Schaut: Wie lange braucht ein Mann, um bei der Zeugung eines Kindes mitzuwirken? Einige Augenblicke! Und danach kann es sein, dass er sich gar nicht kümmert, dass er vergisst, dass er ein Kind gezeugt hat oder sogar, dass er es gar nicht weiß! Wie sollte die Frau hingegen vergessen oder nicht wissen, dass sie ein Kind in sich trägt? Und wenn es geboren ist, wie sollte sie sich nicht um dieses schwache, zarte Wesen kümmern? Der Mann hingegen hat sich oft längst aus dem Staub gemacht. Ob man will oder nicht, die Rolle des Mannes und der Frau in diesem so wesentlichen Akt der Fortpflanzung des Lebens hat Einfluss auf ihr Temperament und auf die Art und Weise, wie sie die Dinge betrachten.

Weder der Mann noch die Frau sollten den Ton angeben, sondern beide sollten sich anstrengen, in ihrem eigenen Bereich den Ton anzugeben. Dass die Frauen ihre Freiheit und Rechte erobern wollen, die ihnen die Männer vorenthalten haben, ist normal, aber sie sollten versuchen, dahin zu gelangen, dass sie sich in die Reichtümer ihrer eigenen Natur vertiefen und nicht versuchen, die Männer in ihrer Lebensart, ihrem Verhalten usw. zu imitieren. Denn dies beweist, dass sie die ewigen Wahrheiten nicht verstanden haben und dass sie teuer dafür bezahlen müssen.

Das Gleichgewicht des Lebens basiert auf der Polarisation, d. h. auf der Existenz zweier Pole von verschiedener Natur, damit unter ihnen ein Austausch entsteht. Wenn es eine Gleichschaltung dieser Pole gibt, kann dieser Austausch, dieser wunderbare Austausch, diese Quelle von Freude und Inspiration nicht stattfinden. Wenn die Männer und Frauen den Sinn des Lebens verloren haben, der in diesem Austausch zwischen den beiden Polen liegt, suchen sie Mittel in den Apotheken oder bei den Psychologen. Doch es gibt kein Mittel für diejenigen, die nicht verstehen. Das einzige Mittel liegt im Verständnis. Der Tod einer ganzen Generation wäre die Folge, wenn alle Polarität verschwindet. Man darf sich keine Funken und kein Leben erwarten, wenn die beiden Pole, die beiden Elektroden, keinen klaren und deutlichen Unterschied aufweisen.

In welchem Bereich es auch sei, das Gleichgewicht kommt immer von der Existenz zweier sich ergänzender Kräfte. Die Lösung besteht nicht in einer Gleichmachung der Männer und der Frauen, dass die Frauen nun Kriege führen und die Männer die Kinder aufziehen und nun alle Hausmänner werden. Es ist ganz normal, dass sich die Frau die gleichen Freiheiten wie der Mann wünscht und genauso viel Initiative ergreifen möchte, aber sie kann auch dahin gelangen, ohne den Mann zu imitieren, ohne ihn zu verdrängen oder sogar zu eliminieren. Die Freiheit, die Kühnheit, der Geist der Initiative sind Eigenschaften, die die Frauen entfalten können, ja, aber indem sie alles, was das Wesentliche des weiblichen Prinzips ausmacht, vertiefen.

1. Siehe Band 214 der Reihe Izvor »Liebe, Zeugung und Schwangerschaft«, Kapitel 1: »Die geistige Galvanoplastik«.
2. Siehe Band 214 der Reihe Izvor »Liebe, Zeugung und Schwangerschaft«, Kapitel 11: »Die Frau soll ihren wahren Platz wieder einnehmen«.

Kapitel 5

Gott steht über dem Guten und dem Bösen

Wir haben gesehen, dass für die Einweihungswissenschaft die 2 das Ergebnis der Polarisation der 1 ist. Dies bedeutet, dass diese beiden Pole, die man sich entgegenwirkend denkt, in Wirklichkeit in der 1 enthalten sind. Wir nennen sie männlich und weiblich, positiv und negativ, wir können sie aber auch gut und böse nennen. Aber nur unter der Bedingung, dass wir uns immer vor Augen halten, dass sie der Ausdruck der 1 sind, d. h. der Ausdruck Gottes, dass sie den gleichen Ursprung haben.

Eine Überlieferung sagt, dass Luzifer, der Erzengel, der sich gegen Gott auflehnte, der Bruder Christi sei. Sie berichtet, dass Luzifer, als er aus den Höhen des Himmels herabstürzte, den Smaragd verlor, der seine Stirn zierte, und aus diesem Smaragd, der auf die Erde fiel, wurde der Kelch geformt, mit dem Joseph von Arimathäa das Blut Jesu auffing, als dieser gekreuzigt wurde. Dieser Kelch war der Heilige Gral, der in der Geschichte der Christenheit eine sehr große Rolle spielte. Die Eingeweihten, die diese Beziehung zwischen Luzifer und Christus hergestellt haben, wollten uns lehren, dass das Gute und das Böse zwei Pole ein und derselben Wirklichkeit sind.

Unser Leben auf Erden ist vollständig bedingt vom regelmäßigen Wechsel von Tag und Nacht. »Dies kommt daher«, werdet ihr sagen, »weil die Erde rund ist und sich um sich selber dreht.« Ja, aber was für ein Grund auch immer, dieser regelmäßige Wechsel von Tag und Nacht, der das Leben der ganzen Natur regelt, regelt auch unser physisches sowie unser psychisches Leben. Wir wüssten nicht, was das Licht ist, wenn es die Finsternis nicht gäbe, noch was die Weisheit, die Gerechtigkeit, die Schönheit, die Freude sind, wenn wir nicht gezwungen wären, die Dummheit, die Ungerechtigkeit, die Hässlichkeit und die Traurigkeit zu erleben. In der Gegenüberstellung und der Konfrontation befindet sich das Verständnis. Wenn es die Gegensätze nicht gäbe, würden wir in der Undifferenziertheit leben.

Nicht dass es die Schönheit und die Hässlichkeit, die Tugenden und die Laster, die Kraft und die Schwäche gibt, sollte uns beschäftigen, sondern das Wichtige ist, wie man sich gegenüber diesen beiden Polen der Einheit verhält. Stattdessen fragen sich die Menschen ständig, warum Gott es erlaubt, dass das Böse existiert. Sie sollten aufhören, sich solche Fragen zu stellen. Das Gute und das Böse sind inniglich vermischt. Als gegensätzliche Pole haben sie Geschäfte miteinander auszuhandeln, es ist besser, sich nicht zwischen sie zu stellen oder zu versuchen, sie zu trennen. Das ist, wie wenn man sich in die Angelegenheiten eines Paares einmischt. Wenn ein Mann und eine Frau aneinander hängen, versucht nicht sie zu trennen, was immer eure Meinung zu dieser Verbindung auch sei. Und wenn sie sich bekämpfen, begebt euch nicht zwischen sie, haltet Distanz.

Die Autos auf der Straße fahren jeweils in die eine oder in die andere Richtung. Alles geht gut, wenn die Straße breit ist und die Autos schön hintereinander auf ihrer jeweiligen Seite bleiben. Diese Autos fahren in verschiedene Richtungen, aber kann man sagen, dass die eine Seite das Gute und die andere das Böse darstellt? Nein, das Böse erscheint erst, wenn nicht genügend Platz zwischen beiden Seiten ist: die Kollision.

Im Absoluten ist nichts gut oder schlecht, alles hängt vom Gesichtspunkt ab, von dem aus man die Dinge betrachtet. Nehmen wir nur das Wasser und das Feuer. Wenn man sie nicht richtig beherrschen kann, verursacht man Überschwemmungen und Brände, wenn man sie aber beherrschen kann, welch ein Segen! Schlecht ist nur die Unwissenheit, die uns daran hindert, das eine oder das andere nutzbar zu machen. Man kann sie sogar beide auf einmal nutzen, nur muss man in diesem Fall den richtigen Abstand kennen, sonst löscht man das Feuer und verdampft das Wasser. Manchmal nimmt dieser Abstand die Form eines Kochtopfes an – und schon kann man Wasser für einen Kaffee kochen!

Noch ein anderes Beispiel: Da unser Organismus Abfälle produziert, könnte man da eine Manifestation des Bösen sehen. Da er aber auch die Möglichkeiten besitzt, diese Abfälle wieder auszuscheiden, wo ist das Böse? Das Böse beginnt in dem Moment, wo das Ausscheidungssystem nicht mehr funktioniert. Die Gesundheit besteht nicht darin, dass unser Organismus keine Abfälle produziert, sondern darin, dass er die Mittel besitzt, sie auszuscheiden. Das Gute, das wahre Gute ist eine harmonische Koexistenz zweier entgegengesetzter Prozesse. Das Gute, das wahre Gute ist diese Intelligenz, die das Zusammenspiel dieser beiden Prozesse erdacht hat, die sich an der Erhaltung des Lebens beteiligen. Ihr seht, die Antworten auf die schwierigsten Fragen finden wir im Buch der Natur.

Dank des Bösen wird das Gute unterstützt und auch das Gute hilft oft, ohne es zu wissen, dem Bösen. Alle beide sind am Rad des Lebens eingespannt und halten es in Bewegung. Das Böse existiert nicht für sich. Das Böse ist ein Gutes, das man nicht verstehen konnte. Selbst das Beste wird schlecht, wenn man es nicht richtig versteht. Wer hingegen die Hölle und den Teufel versteht, schafft es, sie für das Gute dienstbar zu machen. Man sollte versuchen, die Bösewichte sich dienstbar zu machen, denn sie sind widerstandsfähig und unermüdlich. Nichts würde auf Erden weitergehen, wenn es nur gute Menschen gäbe. Alles ist nützlich, nur muss man die passenden Kombinationen finden. Wer das nicht verstanden hat, verbringt seine Zeit damit, gegen das, was sie das Böse nennen zu kämpfen, ohne zu wissen, dass wenn sich das Böse manifestiert, sich auf der anderen Seite auch das Gute verstärkt und wenn sie es schaffen würden, das Böse zu beseitigen, sie auch das Gute beseitigen würden.

Das Böse existiert nur aus Mangel an Licht, an Intelligenz, an Kraft, was dazu führt, dass wir seine Beute werden. Aber das Böse ist ein Diener Gottes, es hat auf Erden seine Rolle zu spielen und wir müssen es verstehen. Habt ihr das Buch Hiob in der Bibel gelesen? Dort steht geschrieben: »Nun traten eines Tages die Söhne Gottes vor den Ewigen und Satan war mitten unter ihnen.« Seid euch dessen bewusst, Satan ist mitten unter ihnen! Er könnte auch dahinter oder seitlich sein, nein, er ist in ihrer Mitte, als hätte er den gleichen Rang inne wie die Geister des Lichtes. Er erscheint also hier wie ein Sohn Gottes und sogar nur an ihn wendet sich Gott, und was für ein Gespräch!

»Der Ewige fragte Satan: ›Woher kommst du?‹ Und Satan antwortete dem Ewigen: ›Vom Durchqueren der Erde und vom darauf Herumwandeln.‹ Der Ewige fragte Satan: ›Hast du meinen Diener Hiob bemerkt? Es gibt niemanden wie ihn auf Erden. Er ist rechtschaffen und aufrichtig, er fürchtet Gott und wendet sich vom Bösen ab.‹ Und Satan fragte den Ewigen: ›Fürchtet Hiob auf selbstlose Weise Gott? Hast du ihn nicht beschützt, sein Haus und alles, was ihm gehört? Du hast die Werke seiner Hände gesegnet und seine Herden bedecken das ganze Land. Aber streck' aus deine Hand, berühre alles, was ihm gehört und ich bin sicher, er wird dir ins Gesicht fluchen.‹ Der Ewige sagte zu Satan: ›Alles, was ihm gehört, liefere ich dir aus; nur lege nicht Hand an ihn selbst.‹ Und Satan wandte sich ab vom Gesichte des Ewigen.« Die Bibelstelle zeigt dann weiter, wie Gott den Satan benutzt für die Entwicklung von Hiob. Was Satan betrifft, er gehorchte Gott, er machte nur das, was Gott ihm erlaubte. Derjenige, der diesen Text schrieb, wusste, dass das Gute und das Böse einer höheren Instanz unterworfen sind, dass sie zwei Strömungen sind, die dem Thron Gottes unterstehen.

Der Thron Gottes wird im Sephirothbaum durch die Sephira *Kether* symbolisiert. Die Macht, die in der Sephira *Kether* regiert, leitet das Universum mit Hilfe dieser beiden gegensätzlichen Strömungen, die wir das Gute und das Böse nennen. Das Gute und das Böse sind also wie zwei Hände und manchmal schlägt die eine Hand die andere. Das Problem des Guten und des

Bösen wird niemals auf der physischen Ebene gelöst werden können, denn der Ursprung dieser beiden entgegengesetzten Kräfte und deren Einheit ist in den höheren Welten zu suchen. Wenn man diese Kräfte nur auf unserer Ebene betrachtet, sieht man nur, dass sie entgegengesetzt sind, und man versteht sie nicht. Unsere Arbeit ist es also aufzusteigen bis zu dieser dritten Instanz, welche die beiden anderen für ein Ziel zu nutzen versteht, das die beiden anderen eben nicht kennen. Ja, das Gute kennt nicht alles und das Böse natürlich auch nicht. Derjenige, der alles kennt, steht über dem Guten und dem Bösen. Das ist der Herr. Wendet euch also an Ihn und sagt zu Ihm: »Oh Herr, der Du so viele weitreichende und tiefgründige Dinge erschaffen hast, Du findest mich mitten unter ihnen verloren. Ich schaffe es nicht, mit Hilfe meiner begrenzten Intelligenz klar zu sehen. Schicke mir Deine Engel, damit sie mir sagen, wie ich denken und handeln soll.«

Wer Zuflucht beim Herrn sucht, verbindet sich mit der dritten Instanz. Warum hat die Religion niemals diese dritte Instanz erwähnt? Sie weist immer auf das Gute als auf eine Entsprechung Gottes hin. Nein, das Gute und das Böse sind beide Diener Gottes. Weil wir ein bisschen etwas vom Guten kennen, glauben wir Gott zu kennen. Aber Gott ist mehr als das Gute. Ich sage es euch: Gott steht über dem Guten und dem Bösen. So wie die Gedankenkraft und die Sexualkraft die Polarisation ein und derselben Kraft sind, so sind auch das Gute und das Böse die Polarisation ein und derselben Kraft. Ihr werdet sagen: »Was? Die Gedankenkraft und die Sexualkraft sind ein und dieselbe Kraft? Es ist dieselbe Kraft, die einen Rohling dazu drängt, sich auf eine Frau zu stürzen, um sie zu missbrauchen und die, die höchsten gedanklichen Werke inspiriert?«[1] Ja. Und wenn ihr sagt, dass euch dies nicht passt, dass es so ist, so kann ich euch nur sagen, dass der Herr die Dinge nicht geschaffen hat, damit wir gut zurechtkommen, sondern damit wir arbeiten.

Ich fühle, wie schwierig es ist, mich über dieses Thema verständlich zu machen, denn es wirft alle Auffassungen, welche die Menschen normalerweise über das Gute und das Böse haben, über den Haufen. Diese Auffassungen sind, wie man so sagt, in ihr eigenes Fleisch und Blut eingeschrieben, es ist unmöglich sie zu entwurzeln. Aber solange sie nicht den Gesichtspunkt ändern, dürfen sie nicht in den Tempel des Ewigen eintreten. Wie stellt man denn den Eingang eines Tempels dar? Durch zwei Säulen, die von einem Giebeldreieck überragt werden, und dieses Giebeldreieck verbindet die rechte und die linke Säule. Symbolisch gesprochen ist das Giebeldreieck die dritte Kraft, die mit den beiden anderen arbeitet. So ist auch unser Leben auf zwei Säulen errichtet, und diese zwei Säulen müssen, obwohl sie verschieden sind, von einem dritten Prinzip beherrscht werden, das sie verbindet. Das Giebeldreieck ist in gewisser Hinsicht die Entsprechung von *Kether* und von der Zentralsäule des Sephirothbaums. Man findet die gleiche Bedeutung auch im Äskulapstab des Hermes wieder. Auch wenn die äußere Erscheinung anders ist, spielt der Stab im Zentrum die gleiche Rolle!

Das Böse heißt, die Polaritäten trennen zu wollen, aber man kann genauso gut sagen, das Böse heißt, sie verschmelzen zu wollen. Es ist genauso schlecht, sie zu nahe zueinander zu führen wie sie zu trennen. Eine gewisse Distanz muss zwischen den beiden bestehen. Der Tempel stürzt zusammen, wenn man die beiden Säulen zu nahe zusammenstellen und verschmelzen möchte. Und er stürzt auch zusammen, wenn man sie zu sehr voneinander entfernt oder wenn man nur eine von beiden behalten möchte. Ein Spiritualist, der alles, was nieder ist, aus sich vertreiben möchte, um absolut lichtvoll und rein zu sein, um sich Gott anzunähern, ruft alle inneren und äußeren Katastrophen zu sich herbei.

Die größten Tragödien der Menschheit haben nicht das Böse an sich als Ursprung, das von irgendwo herkommt, sondern das schlechte Verständnis der Menschen, die sich entschlossen haben, gewisse Dinge »gut« zu nennen, weil sie ihnen angenehm sind und andere »schlecht«, weil sie ihnen unangenehm sind. Und da das, was den einen angenehm ist, oft den anderen unangenehm ist und umgekehrt, wird das Problem nie gelöst werden. Man wird es nie schaffen, dass alle Menschen darin übereinstimmen, was das Gute und das Böse wirklich ist.

Und genauso wie das Gute nicht Gott selbst ist, so haben die Qualitäten und Tugenden keinen absoluten Wert. Wie viele Menschen besitzen große Tugenden! O ja, aber was machen sie damit? Nichts. Andere hingegen haben alle möglichen Schwächen, aber sie wollen sich verbessern, und weil sie jeden Tag an sich selbst arbeiten, werden sie fähig Großartiges zu vollbringen! Wenn sie nicht diese Fehler hätten, würden sie vielleicht gar nichts machen. Aber ja, man hat Menschen gesehen, die Heldentaten vollbrachten, weil sie an sich gearbeitet haben, während andere, die von ihren Fähigkeiten selbstzufrieden waren, nichts getan haben. O ja, ihr müsst wissen, dass der Himmel keinen Pfennig darauf gibt, was ihr seid, sondern nur darauf schaut, was ihr mit dem, was ihr seid, verwirklicht. Es braucht also über uns eine dritte Instanz, welche die Schwächen und die Stärken gut benützen kann. Und diese dritte Instanz existiert in uns, sie ist unser Höheres Ich.

Was zählt, ist einzig und allein die Arbeit, die wir an uns ausführen, damit wir unsere Fehler und unsere Qualitäten in den Dienst eines hohen Ideals stellen. Wie viele Menschen beklagen sich über die sündige menschliche Natur, die Trägerin der Keime des Bösen! Aber anstatt sich zu beklagen, sollten sie lieber arbeiten. Ob es sich nun um die Eitelkeit, den Hochmut, die Wut, die Eifersucht oder die Sinnlichkeit handelt, alle Fehler müssen an die Arbeit geschickt werden.[2] Dies ist der einzige richtige Gesichtspunkt, die einzig gute Lösung.

Die Arbeit zählt, kümmert euch nicht um den Rest. Eure Qualitäten und eure Fehler sind zweitrangig. Wenn ihr einmal gefunden habt, was die beste Arbeit ist und wenn ihr euch einmal entschlossen habt, euch ernsthaft dafür zu opfern, werden sowohl eure Fehler als auch eure Qualitäten eure besten Diener sein. Nehmen wir ein einfaches Beispiel: Ihr wollt ein Gewicht hochheben. Alle Energien, die potenziell in eurem physischen Körper vorhanden sind, sind da, um euch dabei zu helfen: Die Muskeln, das Herz, die Lungen und sogar das Gehirn nehmen an dieser Handlung teil. Wenn ihr aber keinerlei Arbeit machen wollt, sind all eure Organe demobilisiert. Die Arbeit mobilisiert all euer Potenzial. Durch die Arbeit kann ein Krimineller dahin gelangen, dass er die tugendsameren Menschen an Freigebigkeit, an Geduld oder an Güte übertrifft. Diejenigen hingegen, die als die Besten gelten, kapitulieren, weil sie nicht an die Arbeit denken.

Also ich wiederhole es: Man sollte aufhören, sich zu fragen, warum der Himmel es erlaubt, dass das Böse existiert. Sagt euch lieber, dass der Himmel alles erlaubt. Er erlaubt deshalb alles, weil er alles nutzt. Und auch ihr solltet verstehen, wie ihr diese beiden Aspekte, das »Gute« und das »Böse« in euren Arbeiten nutzen könnt, so wie der Chemiker, der nichts verwirft, weil er alle Produkte, die in seinem Labor enthalten sind, sogar die Gifte, zu nutzen weiß, denn in einem Labor darf nichts fehlen, alles wird benutzt. Der Chemiker sollte für uns ein Vorbild sein: Da wir in unserem inneren Leben das Reine und das Unreine, das Lichtvolle und das Dunkle, das, was uns nach oben zieht und das, was uns nach unten zieht, besitzen, sollten wir lernen, dies alles zu benutzen, um die Absichten Gottes zu verwirklichen. Also zerstört nichts in euch selbst, sondern dankt dem Himmel, dass er euch so geschaffen hat, wie ihr seid und arbeitet!

1. Siehe Band 236 Der Reihe Izvor »Weisheit aus der Kabbala«, Kapitel 17: »Jesod, Tiphereth, Kether: Die Sublimierung der Sexualkraft«.

2. Siehe Band 221 der Reihe Izvor »Alchimistische Arbeit und Vollkommenheit«.

Kapitel 6

Der weiße und der schwarze Kopf

Teil 1

Eine Stelle des Sohar beschreibt Gott als einen sehr schönen, sehr edlen Kopf mit einem Bart und langen weißen Haaren. Unter Ihm spiegelt sich auf einer Wasseroberfläche ein schwarzer, grimassenhafter Kopf, als wäre er Sein umgekehrtes Bild. Was lehrt uns diese Figur?

Das Große Salomonische Siegel
(aus Eliphas Lévi: »Transzendentale Magie. Dogma und Ritual«
Verlag: Ludwig, ISBN 978-3-7787-7078-8)

Dass das, was wir das Böse, den Teufel nennen, nur eine Spiegelung, ein Schatten Gottes in der Materie ist. Deshalb sind gewisse Religionen im Irrtum, wenn sie den Teufel als den Widersacher Gottes darstellen, gegen den Er ständig kämpfen muss. Gott kämpft nicht gegen den Teufel. Dies würde bedeuten, dass Er gegen Sich selbst kämpft.

Wie ist es möglich, dass Religionen, die behaupten monotheistisch zu sein, Theorien und ein Verhalten an den Tag legen, die ihren eigenen Grundlagen widersprechen? Sie stellen Gott einen Feind, den Teufel gegenüber, der genauso mächtig ist wie Er, als wäre Gott nicht der einzige Meister. Aber was sind das für Religionen, bei denen Gott einen Feind hat, den Er nicht einmal niederschmettern kann? Und die derartig schwachen und kleinen Menschen müssen dann kommen, um Ihm zu helfen! So versteht man also die Größe und die Allmacht Gottes? Diese Religionen setzen Gott herab, wenn sie Ihn als unfähig darstellen, Seinen Widersacher zu besiegen. Habt ihr daran gedacht?

Und ihr mangelhaftes Verständnis hört leider nicht etwa hier auf. Diesen Widersacher Gottes sehen sie überall in allen möglichen Formen sich in die Menschen einschleichen. Und was machen sie also? Sie versuchen, ihn bei den Menschen zu bekämpfen und behandeln sie wie die Ausgeburt der Hölle, Kinder des Teufels und sie haben nicht aufgehört, sie zu massakrieren und die ewige Verdammnis auf sie herabzurufen. Aber diese Unwissenden müssen lernen, dass es keine ewige Verdammnis gibt, wenigstens nicht so, wie sie es sich vorstellen.

Wenn es einem Menschen gefällt, Böses zu tun und er sich darauf versteift, bewusst gegen die Pläne Gottes, gegen das Licht zu arbeiten, belastet er sich so sehr, verdunkelt er sich so sehr, dass sich schließlich seine menschliche Seele und seine göttliche Seele trennen: Die göttliche Seele, welche die Form eines Funken hat, verlässt ihn und kehrt in den Ozean des ursprünglichen Lichtes zurück. Ohne diesen Funken zersetzt sich die menschliche Seele und verschwindet. Andernfalls kann sich die menschliche Seele (aber, was wir hier »Seele« nennen, ist in Wirklichkeit aus mehreren Seelen zusammengesetzt[1]), was immer die Sünden und Übertretungen auch gewesen sind, die sie belasten, reinigen dank der göttlichen Seele, die mit ihr verbunden ist und die immer versucht, sie in Richtung Licht mitzuziehen.

Was diejenigen betrifft, die andere verfolgen, unter dem Vorwand, für den Herrn Partei zu ergreifen, sie machen sich in Wirklichkeit zu Helfern des Teufels, der sie ständig darin bestärkt. Warum gegen den Teufel in den Krieg ziehen? Ich sage euch, dass der Teufel ein Diener Gottes ist. Er hat eine Rolle zu spielen, Gott bedient sich seiner, um die Menschen anzuspornen, sie zu zwingen, vorwärts zu schreiten. Er braucht die Menschen nicht, damit sie Ihm helfen, den Teufel zu bekämpfen, Er kommt sehr gut alleine zurecht, Er benutzt ihn. So wie der Hund des Hirten, der die Kühe in ihre Weide zurückbringen muss, so muss uns der Teufel in den Garten des Herrn zurückbringen. Man sollte dies wissen, und wenn man ihn trifft, sollte man ihm sogar dafür danken. Es ist Zeit, dass all diese großen »Soldaten Gottes« ihre Auffassung diesen Dingen gegenüber verändern: Sobald sie verstanden haben, dass der Teufel der Helfer Gottes ist, werden sie aufhören, sich selbst zu Helfern des Teufels zu machen!

Die erste monotheistische Religion war die jüdische. Moses wollte ein Volk bilden, das diese Wahrheit eines einzigen Gottes anerkannte. Und selbst in den Einweihungen gewisser polytheistischer Religionen lehrte man die Existenz eines alleinigen Gottes, die anderen Götter wurden als Personifizierungen von Naturkräften dargestellt. Außerhalb dieses einzigen Gottes wird alles unsinnig, stürzt alles in sich zusammen. Nichts kann außerhalb der Einheit erklärt werden.

Ihr werdet sagen: »Was sagen Sie da, der Teufel existiert nicht?« Dies hängt von der Wirklichkeit ab, die man unter dem Wort »Teufel« versteht. Der Teufel existiert nicht als individuelle Wesenheit, die sich Gott als gleichwertiger Gegner entgegenstellt. Diejenigen, die behaupten, er sei ihnen erschienen, haben sich das nur eingebildet. Da es Geister des Lichtes gibt, gibt es auch Geister der Finsternis und diese Kollektivität finsterer Geister nennt man Teufel. Der weiße Kopf und seine dunkle Spiegelung stellen in Wirklichkeit zwei Welten dar, die von Geschöpfen bevölkert sind. Aber der Teufel existiert nicht wie eine von Gott getrennte Wesenheit, die sich Ihm entgegensetzt. Der Teufel ist eine kollektive Kraft, die von den negativen Gedanken, Gefühlen und Handlungen der Menschen ernährt und verstärkt wird. Der Teufel ist ein Produkt der Menschen, welche die Frage des Guten und des Bösen nicht verstanden haben.

Man kann auch sagen, der Teufel sei ein Teil des Menschen selbst, sein niederes Ich.[2] Wie hat es sich gebildet? Der Mensch hat es im Laufe seiner Reinkarnationen durch seine Schwächen und Laster ständig ernährt und hat so den Weg zum Himmel blockiert. Aber es existiert im Menschen auch eine lichtvolle

Wesenheit, sein höheres Ich, das er dank seiner von Güte, Freigebigkeit, Liebe und Aufopferung inspirierten Gedanken, Gefühlen und Handlungen gebildet hat. Wenn die Menschen sich anstrengen würden, Ordnung in ihr Innenleben zu bringen, würde der Teufel verschwinden. Es würden nur die beiden gegensätzlichen Kräfte des Positiven und des Negativen, des Männlichen und des Weiblichen bleiben, diese beiden Waagschalen der kosmischen Waage, mit denen sie lernen müssen zu arbeiten.

Das Böse, das wahre Böse ist die Unwissenheit der Menschen, der Mangel an Liebe und Güte und die Tatsache, dass man nicht alle Kräfte, die im Universum existieren, zu nutzen versteht. Der Teufel ist eine Schöpfung der unwissenden Menschen, und je unwissender sie sind, desto schrecklicher ist diese Schöpfung. Böse und Gut sind Kräfte, die von Gott geschaffen wurden, und wenn das Böse für uns den Teufel darstellt, so deshalb, weil wir nicht mit ihm umzugehen verstehen.

Ihr werdet sagen: »Aber geben Sie uns wenigstens eine Methode, damit wir wissen, wie wir mit dem Bösen umgehen sollen.« Ich werde euch eine Geschichte erzählen. Es war einmal ein Weiser, der pflückte gerade in seinem Garten Kirschen. (Aber ja, warum sollte ein Weiser keine Kirschen pflücken? Meister Peter Danov sagte eines Tages, dies sei der einzige Baum auf Erden, der sich auch im Paradies befinde.) Plötzlich hört er Lärm und sieht einen Mann auf sich zulaufen: »Aber wo läufst du so schnell hin?«, fragt er ihn. »Mein Nachbar verfolgt mich mit einem Gewehr: Er behauptet, ich hätte in seiner Scheune Feuer gelegt.« – »Lauf schnell weiter, ich erledige das.« Bald kommt der andere Mann. »Wo läufst du denn so schnell hin?«, fragte ihn der Weise, »du bist ja ganz außer Atem?

Möchtest du dich nicht einen Moment zu mir setzen? Schau mal diese Kirschen, sie sind köstlich, koste mal.« Der Mann setzt sich und stopft sich mit Kirschen voll, während ihn der Weise den Blumengarten, den blauen Himmel usw. bewundern lässt. Diese kleine Pause verwandelt seine Laune, er verzichtet darauf, seinen Nachbarn zu verfolgen und bietet sogar dem Weisen an, ihm Kirschen pflücken zu helfen.

Ihr werdet sagen, dies sei eine unglaubwürdige Geschichte. Nehmt sie trotzdem ernst und denkt einmal darüber nach. Der Weise wusste, wenn er sich dem wütenden Mann in den Weg gestellt und gesagt hätte: »Bleib stehen!«, so hätte ihn dieser weggestoßen, ohne etwas hören zu wollen und er wäre gezwungen gewesen, Gewalt anzuwenden. Hier seht ihr das Böse. Was hat er also gemacht? Er hat seine Aufmerksamkeit abgelenkt, indem er ihm Kirschen anbot. Hier seht ihr das Gute. Diese Kirschen sind selbstverständlich nur ein Bild, es könnten auch Haselnüsse sein oder ein gutes Glas Wein oder andere Sachen. Das heißt, um die Menschen davon abzubringen Böses zu tun, ist es besser zu versuchen, ihre Energien umzulenken, als sich ihnen entgegenzustellen. Dies sind Methoden, welche die guten Pädagogen bei den Kindern anwenden können. Und dies sind auch Methoden, die ihr bei euch selbst anwenden könnt: Wenn ihr euch in eine gefährliche Richtung getrieben fühlt, versucht eure Aufmerksamkeit und eure Energien in eine günstigere Richtung zu orientieren. Es wird immer Impulse geben, die nicht ganz koscher sind, die euch besuchen kommen, aber es liegt an euch, sie auf einen anderen Weg zu lenken.

Ja, glaubt mir, es ist möglich, den Teufel verschwinden zu lassen durch ein besseres Verständnis der Dinge und durch ein Leben im Einklang mit diesem

Verständnis. Wenn der Teufel einmal verschwunden ist, was wird dann aus Gut und Böse? Sie werden im Menschen und außerhalb des Menschen als zwei sich ergänzende Kräfte weiter bestehen, die zusammenarbeiten, weil sie die Polarisation von Gott selbst sind.

Haltet in euch das Bild des Weißen Kopfes aufrecht, von dem die Kabbala sagt, dass jedes Haar, jedes Barthaar eine Tugend darstellt und auch das Bild seines dunklen Spiegelbildes, das eigentlich nicht wirklich ein Feind sein kann, weil es keine Wirklichkeit ist, sondern eine Illusion, ein Schatten, der nur dank des Lichtes existiert und der die Wirklichkeit des Lichtes beweist. Wie soll man also aus dem Bereich der Spiegelbilder, der Illusionen herauskommen? Indem man sich in Gedanken bis zum Weißen Kopf Gottes erhebt. Sobald man sich von diesem Weißen Kopf entfernt, um in sein dunkles Spiegelbild hinabzusteigen, ändert man bereits den Bewusstseinszustand, und dort ist man dann gezwungen, die Erfahrung des Bösen, des Leides und... des Teufels zu machen!

Dank dieses Verständnisses der Dinge konnte Jesus sagen: »Selig sind, die da Leid tragen, denn sie sollen getröstet werden« (Mt 5,4). Er sagte auch: »Wenn dich jemand auf deine rechte Backe schlägt, sodann biete die andere auch dar«[3] (Mt 5,39) und »Und wenn jemand mit dir rechten will und dir deinen Rock nehmen, dem lass auch den Mantel« (Mt 5,40). Wie oft findet man solche unsinnigen Ratschläge! Ja, wer das Licht der Einweihung nicht besitzt, hält die erhabensten Worte für lächerlich. Aber wenn Jesus diese Worte ausgesprochen hat, so deshalb, weil er sich auf die Einheit berufen hat, auf den Weißen Kopf der Kabbala, auf den Kopf Gottes. Wenn man dieses einheitliche Prinzip erkennt, gibt es keine Widersprüche mehr, und auch ich führe euch zu dieser Einheit.

Anmerkungen

1. Siehe Band 222 der Reihe Izvor »Die Psyche des Menschen«, Kapitel 3: »Von Seelen und Körpern«.
2. Siehe Band 213 der Reihe Izvor »Die menschliche und göttliche Natur in uns«, Kapitel 2: »Die niedere Natur, eine umgekehrte Spiegelung der höheren Natur«.
3. Siehe Band 215 der Reihe Izvor »Die wahre Lehre Christi«, Kapitel 8: »Wenn dich jemand auf deine rechte Backe schlägt...«.

Teil 2

Wer es verstanden hat, wie wichtig es ist, die Einheit zum Ideal seines Lebens zu machen, fühlt, dass lichtvolle Freunde der unsichtbaren Welt kommen und ihm zuflüstern: »Es ist gut, mach weiter, wir wollen dir helfen.« Dies bedeutet natürlich nicht, dass sich nicht auch dunkle Wesenheiten nähern, um ihn zu versuchen. Dann ist es notwendig, dass er ihnen antworten kann.

Erinnert euch daran, wie Jesus dem Teufel geantwortet hat. »Und der Versucher trat zu ihm und sprach: ›Bist du Gottes Sohn, so sprich, dass diese Steine Brot werden.‹ Er aber antwortete und sprach: ›Es steht geschrieben, der Mensch lebt nicht vom Brot allein, sondern von einem jeden Wort, das aus dem Munde Gottes geht.‹ Da führte ihn der Teufel mit sich in die heilige Stadt und stellte ihn auf die Zinne des Tempels und sprach zu ihm: ›Bist du Gottes Sohn, so wirf dich hinab, denn es steht geschrieben: Er wird seinen Engeln deinetwegen Befehl geben; und sie werden dich auf den Händen tragen, damit dein Fuß nicht an einen Stein stößt.‹ Da sprach Jesus zu ihm: ›Wiederum steht auch geschrieben: Du sollst den Herrn, deinen Gott nicht versuchen.‹ Darauf führte ihn der Teufel mit sich auf einen sehr hohen Berg und zeigte ihm alle Reiche der Welt und ihre Herrlichkeit und sprach zu ihm: ›Das alles will ich dir geben, wenn du niederfällst und mich anbetest.‹ Da sprach Jesus zu ihm: ›Weg mit dir, Satan! Denn es steht geschrieben: Du sollst anbeten den Herrn, deinen Gott und ihm alleine dienen.‹ Da verließ ihn der Teufel. Und siehe, es traten Engel zu ihm und dienten ihm« (Mt 4,3-11).

Es gibt vieles zu sagen über diese Begebenheit.[1] Warum hat Jesus den Teufel nicht beschimpft und ihn dann weggeschickt? Weil er die Gesetze kannte. Er wusste, dass man das Böse verstärkt, wenn man ihm mit Gewalt antwortet. Sogar die schlechten Geister verhalten sich untereinander klug und höflich, wenn sie sich treffen, umso mehr tut es ein Geist des Lichtes, wenn er einen Geist der Finsternis trifft.

Man erzählt, dass Schüler des heiligen Antonius eines Tages einen sehr mächtigen schwarzen Magier trafen und dass sie sich nicht nur weigerten, ihn zu grüßen, sondern ihn auch noch beleidigten. Der wütende Magier reagierte und richtete großen Schaden an. Als der heilige Antonius das hörte, was glaubt ihr, hat er gemacht? Er schimpfte seine Schüler. Als ihm der Magier erzählte, dass er sie verflucht hatte, beglückwünschte er ihn und sagte: »Du hast gut daran getan, sie haben eine Lektion verdient.«

Was machte also Jesus? Er antwortete Punkt für Punkt auf die Vorschläge des Versuchers und seine Worte haben ihn vertrieben. In Anbetracht der Antworten Jesu gab er nach. Die Bibelstelle sagt: »Dann verließ ihn der Teufel« (Mt 4,11). Ihr denkt, dass eure Probleme des täglichen Lebens so nicht gelöst werden:

Eine kleine Unterhaltung mit dem Teufel reicht doch nicht aus! Diese Unterhaltung ist natürlich symbolisch zu verstehen. Es ist, als hätte der Teufel bestimmte Vorschläge auf die eine Waagschale gelegt, und als Antwort hat Jesus andere auf die andere Waagschale gelegt. Auf die kosmische Waage des Lichtes und der Finsternis hat der Teufel die materiellen Güter und Jesus die spirituellen Güter gelegt. Er hat ganz richtig geantwortet. Und als die Waage auf die Seite des Geistes schwenkte sind die Engel gekommen, um ihm zu dienen.

Lernt auch ihr, den Geistern zu antworten, die euch von der Wahrheit abbringen wollen. Sagt ihnen, dass ihr sehr erfreut seid, dass sie gekommen sind, aber um sie zu empfangen, bringt Licht mit, zündet all eure inneren Lampen an. Dann werden diese Besucher fliehen, weil sie hässlich und schlecht gekleidet sind und weil sie nicht gesehen werden wollen. So bleibt ihr wie Jesus bei den Engeln, die euch weiterhin in der Philosophie der Einheit unterweisen werden.[2] Die Engel sind jedes Mal da, wenn der Mensch einen inneren Sieg errungen hat. Jedes Mal, wenn ihr stärker als die Versuchung seid, erlangt ihr einen Zuwachs an Kraft und Licht. Weil ihr einen Sieg über eine Versuchung eurer niederen Natur errungen habt, verfügt ihr über eine neue Kraft.

Es ist natürlich schwierig, diesen Zustand der Gnade aufrechtzuerhalten. Solange wir auf Erden leben, können wir nicht lange auf den Gipfeln bleiben, zu denen wir aufgestiegen sind. Wir müssen jedes Mal kämpfen, um wieder dorthin zu gelangen. Wenn wir die physische Welt verlassen, um in die spirituelle Welt zu gehen, brauchen wir nicht mehr zu kämpfen, denn wir werden den Versuchungen nicht mehr erliegen. Aber solange wir auf Erden sind, müssen wir bis zur letzten

Minute arbeiten. Es ist wie bei der Ernährung und bei der Atmung. Wir haben heute gegessen, wir müssen auch morgen essen. Wir haben geatmet, wir müssen weiteratmen. Eine Erfahrung hat uns den Sinn des Lebens verständlich gemacht, aber damit sie nicht verloren geht, müssen wir eine andere Erfahrung machen und dann noch eine usw. Wir haben eine Versuchung überwunden, wir werden wieder versucht werden, und wieder müssen wir versuchen, siegreich zu sein. In der Welt der Polarisation ist nichts jemals endgültig.

Anmerkungen

1. Siehe Band 210 der Reihe Izvor »Die Antwort auf das Böse«, Kapitel 6: »Die drei großen Versuchungen«.
2. Siehe Band 210 der Reihe Izvor »Die Antwort auf das Böse«, Kapitel 5: »Die Philosophie der Einheit«.

Kapitel 7

Zyklische Schwankungen und Gegenpole: Das Gesetz der Gegensätze

Das Männliche zieht das Weibliche an und das Weibliche das Männliche. Das Positive zieht das Negative an und das Negative das Positive. Deshalb unterliegt das ganze Leben dem Gesetz der zyklischen Schwankungen, dem Gesetz der Gegensätze. Der Morgen, das Licht, verjagt die Schatten der Nacht, und der Abend bringt diese Schatten wieder mit, die nun ihrerseits das Terrain wieder zurückerobern. Kann man deshalb sagen, dass die Nacht dem Tag entgegengesetzt ist? Ja und nein. Ja, weil das Licht das Gegenteil der Finsternis ist und nein, weil der Tag und die Nacht zusammenarbeiten, um das Leben zu zeugen und aufrechtzuerhalten.[1] Schaut: Bevor ein Kind auf die Welt kommt, bleibt es neun Monate im Bauch seiner Mutter verborgen. Um keimen zu können, müssen die Samenkörner eine bestimmte Zeit unter der Erde bleiben. Die Bienen kleiden ihren Bienenstock mit Wachs aus, weil sie die Dunkelheit brauchen, um den Honig herzustellen usw. Wie viele Arbeiten beginnen im Dunklen, bevor sie ans Licht treten. Licht und Finsternis stellen Wesenheiten, Strömungen, Energien dar, welche die Natur für ihre Arbeit benützt.

Die gegensätzlichen Pole ziehen sich an. Deshalb lieben die Laster die Tugenden und umgekehrt. Seid nicht schockiert! Warum steigen die Engel auf die Erde herab? Um diesen armen Menschen zu helfen, welche die Engel so sehr brauchen! Die Heiligen mögen sich gegenseitig nicht so sehr, sie verstehen sich hingegen sehr gut mit den Sündern. Die Gelehrten mögen sich gegenseitig auch nicht so sehr, sie mögen lieber die Unwissenden, die ihr Wissen bewundern. Die Dinge sind so gemacht und man sollte sich nicht so sehr den Kopf zerbrechen, um den Grund zu verstehen. Was zählt, ist das Verhalten, das man in den verschiedenen Lebenslagen an den Tag legt.

Überall, in allen Bereichen folgen die Gegensätze aufeinander. Auch in uns folgen die entgegengesetzten Zustände aufeinander: Schlaf und Wachheit, Arbeit und Ruhe, Gesundheit und Krankheit, Schwäche und Stärke, Traurigkeit und Freude, all diese gegensätzlichen Zustände und Energien sind notwendig. Wir nennen das eine »gut« und das andere »böse«, aber dieses Gute und dieses Böse sind Freunde. Man sollte nur wachsam sein, sich selbst überwachen und wissen, dass nach der Freude die Sorge kommt, nach der Hoffnung die Entmutigung und umgekehrt.

Ihr habt einen Moment großer Freude erlebt? Dann müsst ihr jetzt etwas Unangenehmes erwarten, Ereignisse oder aus eurer Umgebung oder sogar von euch selbst, weil ihr nicht wisst, wie man diesen Zustand aufrechterhält. O ja, man sollte darauf vorbereitet sein, denn wenn ihr sorglos seid, dann werdet ihr überrascht sein. Wenn ihr Momente des Glücks habt, schlaft nicht ein, seid wachsam, denn die andere Seite ist da und wartet darauf, dass sie sich äußern kann, und wenn ihr euch überraschen lasst, könnt ihr alle Vorteile, die ihr erhalten habt, verlieren. Dies ist ein Gesetz: Alles ist verbunden und eine Bewegung, die in einer Region ausgelöst wurde, löst in der entgegengesetzten Region ebenfalls eine Bewegung aus.

Die gute Seite dieses Gesetzes ist, dass, wenn ihr unglücklich und entmutigt seid, sich das Gute bereits vorbereitet, um euch zu besuchen. Ihr werdet sagen: »Ach so, dann braucht man also nur zu warten.« Ja, aber es gibt mehrere Arten zu warten! Man kann passiv warten, aber man kann auch warten und aktiv sein, denn es ist möglich, diese Zustände wie eine Energiequelle zu benutzen. Warum macht ihr nicht, was ich mache? Ihr seid erstaunt: »Was? Auch Sie sind manchmal traurig und entmutigt?« Selbstverständlich, was glaubt ihr denn? Wie bei allen anderen auch, kommt es auch bei mir vor, dass ich müde, traurig und enttäuscht bin. Der Unterschied ist nur, dass ich weiß, wie man diese Zustände nutzen kann. Die letzten Tage des abnehmenden Mondes zum Beispiel sind normalerweise für mich eine schwierige Zeit. Ich fühle mich physisch und psychisch nicht so gut aufgelegt. Ich weiß das: Ich warte bereits darauf und versuche nicht einmal, diesen Zustand sofort zu verjagen. Ich schmeichle ihm ein bisschen. Ich sage zu ihm: »Aha, na endlich, da bist du ja wieder, so sieht man sich wieder«, und ich benütze ihn, denn dieser Zustand kann verglichen werden mit Blumenerde oder sogar mit Mist, den man den Blumen und Sträuchern gibt, damit sie robuster und schöner werden.

Also, sagt auch ihr euch, dass diese Enttäuschungen, diese Traurigkeiten mit der feuchten Blumenerde verglichen werden können, die eure Blumen farbenreicher und duftender wachsen lässt. Ja, auch hier gibt es eine Entsprechung mit der physischen Ebene. Dies sind Erfahrungen, die ich mache. Mein ganzes Leben habe ich solche Erfahrungen gemacht, denn ich habe verstanden, wie wichtig es ist zu wissen, wie unsere Psyche auf diesen oder jenen Einfluss reagiert, um immer die besten Methoden zu finden sich weiterzuentwickeln. Seit langem weiß ich, dass es möglich ist, Energien aus unseren inneren Zuständen, ja sogar den negativsten Zuständen zu schöpfen.

Aber bitte versteht mich nicht falsch: Die negativen Zustände zu benutzen heißt nicht, sich darin zu versenken oder sich darin zu gefallen. Eines Sommers habe ich in Bonfin einen Vortrag über dieses Thema gehalten. Eines Tages bemerkte ich, dass ein junger Bruder, dessen Gesicht normalerweise offen und lächelnd war, ein trauriges und langes Gesicht zeigte. Ich rief ihn und fragte, was ihm passiert wäre. »Ich bin sehr enttäuscht, meine Verlobte sollte in den nächsten Tagen herkommen. Und nun hat sie telefoniert, dass sie durch ihre Arbeit aufgehalten wird.« – »Ach so! Und wann kommt sie dann?« – »In drei Wochen.« – »Und deshalb machen Sie seit Tagen ein solches Gesicht?« – »Aber Meister, vor ein paar Tagen haben Sie in einem Vortrag gesagt, dass, wenn man eine Sorge hat, man nicht versuchen sollte, sich sofort ihrer zu entledigen.« Mein Gott, wie werde ich verstanden? Es gibt Momente, wo ich mir wirklich an den Kopf fasse.

Aber dieser Bruder war jung und ich erklärte ihm: »Ich habe nicht gesagt, man solle sich in seine Sorgen versenken, um sie zu verlängern, sondern man soll sie für eine geistige Arbeit nutzen. Nehmen Sie sich selber als Beispiel: Sie haben gehört, dass Ihre Verlobte nicht so bald kommen kann, wie Sie es sich erhofften, Sie sind enttäuscht. Um diese Enttäuschung zu überwinden, können Sie versuchen sich zu sagen: ›Oh, das macht nichts, das ist mir egal‹ und irgendwelche Zerstreuungen suchen, um sie zu vergessen. Doch dies ist nicht die beste Einstellung. Sie können diese Verzweiflung auch verwenden, indem Sie zum Beispiel denken: ›Also, die Umstände verzögern ihre Ankunft, aber um diesen Mangel nicht zu spüren, denke ich an sie, indem ich ihr noch mehr Licht, noch mehr Liebe schicke. Am Morgen beim Sonnenaufgang werde ich mir vorstellen, dass sie neben mir sitzt und dass wir gemeinsam auf die Sonne zugehen.‹ Es liegt an Ihnen, Bilder und Gedanken zu finden, die Ihnen gut tun. Wenn Sie so handeln, schaffen Sie etwas Schönes, Solides und wenn Sie sie wiedersehen, haben Sie alle beide das Gefühl, dass Sie sich nie verlassen haben. Aber wenn Sie weiterhin diesen negativen Zustand aufrechterhalten, schaden Sie sich selbst, und wenn dann Ihre Verlobte kommt und Sie mit so einem finsteren Gesicht sieht, hat sie nur noch Lust, bald wieder abzureisen.« Natürlich hat dieser nette Bruder sofort sein Lächeln wiedergefunden.

Was den Menschen am meisten fehlt, ist das Wissen über die subtile Funktionsweise des Innenlebens. Nun habe ich es euch aber schon gesagt: Wir besitzen ein ganzes Laboratorium, und es liegt deshalb an uns, die Elemente zu suchen, die es uns ermöglichen, eine gute Einstellung an den Tag zu legen. Es ist unmöglich, diese Elemente einfach so theoretisch zu beschreiben; jeder muss sie für sich selbst finden, indem er über alle Ereignisse seines Alltags nachdenkt.

Aber kehren wir zum Gesetz der Gegensätze zurück: Es gilt für das äußere und auch für das innere Leben. Ihr habt eine Phase, wo ihr fähig, intelligent, erfolgreich seid? Seid auf Angriffe gefasst. Wenn ihr nicht wollt, dass man euch kritisiert, dass man euch lächerlich macht, so bleibt unbedeutend. Macht nichts, und man wird euch in Ruhe lassen. Sobald sich jemand durch seinen Reichtum, seine Schönheit, seine Intelligenz unterscheidet, stürzen sich sofort eine Menge Leute auf ihn, um ihn auszuplündern. Und wenn ihr wollt, dass das Licht in euch triumphiert, so müsst ihr damit rechnen, dass ihr die Dunkelheit provoziert. Aber auch das Gegenteil ist der Fall: Wenn sich die Welt der Dunkelheit manifestiert, ruft dies das Licht hervor. Wie viele Menschen sind in dem Moment, wo sich die Kräfte des Bösen entfesseln, aufgestanden, um die Stimme der Gerechtigkeit und des Guten ertönen zu lassen! Hätten sich nicht solche Ereignisse abgespielt, hätten diese Menschen niemals die Gelegenheit gehabt, sich auf solch außergewöhnliche Weise zu äußern. Man ist also gezwungen, daraus zu schließen, dass wir nicht weit kommen würden, wenn wir keine Feinde hätten.

Der Gegensatz zwingt uns dazu zu kämpfen, Anstrengungen zu machen und herauszufinden, wo sich unser wahrer Wert befindet. Ihr sagt, dies sei sehr schwierig. Natürlich, aber es ist die einzige Art, die Probleme zu lösen. Also anstatt euch zu beklagen und euch aufzulehnen, sagt: »Danke Herr, dank dieser Schwierigkeiten werde ich stärker, werde ich mich selbst übertreffen.« Das Böse ist etwas, was den Menschen zwingt zu arbeiten. Damit man sich ändern, orientieren, harmonisieren kann, muss man kämpfen.

Aber es gibt zwei Arten von Kampf: denjenigen, bei dem ihr euren Gegner auslöscht und denjenigen, bei dem ihr ihn verschont. Wenn ihr euren Gegner auslöscht, könnt ihr nicht mehr kämpfen, und dies wäre katastrophal, ihr würdet keinen Fortschritt mehr machen! Wenn ihr ihn am Leben lasst, um euer ganzes Leben lang mit ihm kämpfen zu können, werdet ihr stark. Wie viele Leute versuchen ihre Feinde loszuwerden. Und was passiert, wenn es ihnen gelingt? Sie sind nicht mehr glücklich, sie haben den Eindruck, dass ihnen etwas fehlt, denn sie brauchen diesen Gegner, um sich mit ihm zu messen. Man sollte also die Gegner nicht ausrotten, sondern wissen, wie man handeln soll, um sich zu stärken und zu verbessern – und bei dieser Gelegenheit auch sie zu verbessern! Aber das gelingt nur unter der Bedingung, dass man sie nicht als etwas Schlechtes betrachtet.[2]

Übrigens kann man in Wirklichkeit nie eine hundertprozentige Aussage über das Gute und das Böse machen, denn nichts ist ganz und gar gut oder ganz und gar böse. Sogar die besten Dinge im Leben bringen Unannehmlichkeiten. Nehmen wir nur die Ankunft des Frühlings. Einerseits ist er wunderbar, das Licht, die Wärme, alles blüht auf, aber auch die Insekten vermehren sich: die Wespen, Fliegen, Raupen, Blattläuse, Mücken usw. Also, was für Bedingungen es auch immer gibt, man muss Vorsichtsmaßnahmen treffen. Die Unwissenden erliegen bei allen Gelegenheiten, die Weisen hingegen, die wissen wie sie arbeiten sollen, machen auch bei den schlimmsten Prüfungen Fortschritte.[3]

Und noch etwas: Das Gute und das Böse sind so sehr miteinander verbunden, dass oft das eine zum anderen führt. Der technische Fortschritt zum Beispiel, ist er gut oder böse? Wie viele Erfindungen, die zu Beginn gut waren, haben schließlich katastrophale Auswirkungen gehabt. Ich gebe euch keine Beispiele, wenn ihr ein bisschen nachdenkt, werdet ihr sie selbst finden.

Und wenn ihr Pläne habt für eine Reise, eine Zusammenarbeit, einen Wohnungswechsel, so gibt es immer etwas, was euch entgeht, selbst wenn euch diese Pläne sehr günstig erscheinen: die ferneren Auswirkungen eurer Unternehmungen. Oder ihr wollt jemandem schaden, den ihr als Konkurrenten, Rivalen oder Gegner betrachtet und es gelingt euch. In Wirklichkeit könnt ihr nicht wissen, ob ihr ihm wirklich Böses getan habt. Das ist so, weil andere Wesen in der unsichtbaren Welt überwachen, was geschieht. Sie könnten die Menschen daran hindern zu handeln und wenn sie es nicht tun, dann oft deshalb, weil sie wissen, dass sie dadurch deren Handlungen eine andere Richtung geben könnten.

Das Gute und das Böse... man sollte warten, bevor man sich darüber ausspricht. Die Zeit wird uns sagen, ob es wirklich gut oder böse war. Man kann diese Frage nur verstehen, wenn man Beispiele in unserem Leben und in der Geschichte der Menschheit studiert.[4] Jedenfalls gab es viele Menschen, denen man schaden wollte und die schließlich durch die Verkettung der Ereignisse Erfolg und Glück gefunden haben.

Nehmt die Geschichte von Joseph und seinen Brüdern aus dem Alten Testament. Aus Eifersucht entschlossen sich die Brüder Josephs, sich seiner zu entledigen und eines Tages, als sie ihre Herden weideten, verkauften sie ihn an Händler, die nach Ägypten zogen. In Ägypten angekommen, verkauften ihn die Händler an Potifar, einen Offizier des Pharaos, der von den Qualitäten Josephs beeindruckt war und ihn zu seinem Hausverwalter machte. Schließlich wurde Joseph nach allen möglichen Ereignissen Minister des Pharaos. In diesem Amt fanden ihn seine Brüder nach Jahren wieder. Was für eine Überraschung und welche Gewissensbisse für sie, die ihn sterben lassen wollten. Aber wie hat Joseph sich verhalten? Er sagte zu ihnen: »Ich bin Joseph, euer Bruder, den ihr verkauft habt, um nach Ägypten geführt zu werden. Seid jetzt nicht betrübt und verärgert, dass ihr mich verkauft habt, um hierher geführt zu werden; denn um euch das Leben zu retten, hat Gott mich zu euch geschickt. Seit zwei Jahren ist große Hungersnot im Land und noch fünf Jahre wird es kein Pflügen und kein Ernten mehr geben. Gott hat mich zu euch gesandt, damit ihr in diesem Lande fortbesteht und damit er euch durch eine große Erlösung weiterleben lässt. Nicht ihr habt mich hierher geschickt, sondern Gott. Er hat mich zum Vater des Pharaos, zum Herrscher über sein ganzes Haus und alle Länder Ägyptens gemacht.« Joseph sagte klar und deutlich: Gott hat die Kräfte des Bösen benutzt für etwas Gutes. Denn etwas Böses ist nicht das Böse, und etwas Gutes ist nicht das Gute.

Und habt ihr nicht selbst Ereignisse erlebt, die anfangs katastrophal erschienen und die sich schließlich als segensreich herausstellten? Leider sieht man auch das Umgekehrte: glückliche Ereignisse, die sich in Katastrophen verwandeln, weil die Personen nicht vorbereitet waren, mit dieser Situation fertig zu werden.

Und sagt euch auch, dass, was immer ihr auch macht, es immer eine Kraft gibt, die euch treibt und eine andere, die euch beobachtet und Berechnungen anstellt. Wenn ihr Gutes tut, so hat euch das Gute getrieben, aber das Böse hat euch beobachtet und wartet auf den Moment, wo es sich auch manifestieren kann. Und vor allem, wenn ihr weitergehen wollt, als notwendig ist, so wisst, dass das Böse den Überfluss an sich reißen wird und manchmal verschlingt es sogar alles! Deshalb sollte man auch nicht beim Guten das

Maß überschreiten, sonst entfesselt man gegensätzliche Kräfte. Warum sagt man manchmal, dass das Bessere der Feind des Guten ist? Weil, wenn man das Gute weiter treiben möchte, als es notwendig ist, man das Böse provoziert. O ja, das Gleichgewicht der Waage.

Das Wichtigste ist, ein waches Bewusstsein zu haben, wachsam zu sein. Es reicht nicht aus, nur festzustellen, dass es zwei Kräfte gibt, sondern man muss sich an eine dritte Kraft darüber wenden, damit man mit den beiden richtig umgehen kann. Wenn ihr dies wirklich verstanden habt, versteht ihr auch die Notwendigkeit, euch zu erheben, bis ihr diesen inneren Ort findet, den die Veränderungen nicht erreichen. Von diesem Ort aus lernt ihr mit den gegensätzlichen Kräften zu arbeiten.

Anmerkungen

1. Siehe Band 10 der Reihe Gesamtwerke »Sonnen-Yoga«, Kapitel 17: »Tag und Nacht – Bewusstsein und Unterbewusstsein«.
2. Siehe Band 231 der Reihe Izvor »Saaten des Glücks«, Kapitel 18: »Von der Nützlichkeit der Feinde«.
3. Siehe Band 233 der Reihe Izvor »Eine Zukunft für die Jugend«, Kapitel 8: »Erfolg wie Mißerfolg meistern«.
4. Siehe Band 243 der Reihe Izvor »Das Lächeln des Weisen«, Kapitel 12: »Dank: Quelle von Licht und Freude«.

Kapitel 8

»Um die Wunder einer einzigen Sache zu vollbringen« – Die Symbole der 8 und des Kreuzes

Um zu verstehen, wie die psychischen Energien im Menschen zirkulieren und arbeiten, muss man beobachten, wie sie in der Natur zirkulieren und arbeiten. Betrachtet einen Baum: Je mehr sein Stamm und seine Äste sich erheben, desto tiefer senken sich seine Wurzeln in den Boden hinein. Das ist das System des Ausgleichs, das man auf allen Ebenen wieder findet, auf der physischen, psychischen und spirituellen Ebene. Je mehr also der Mensch danach strebt, sich in seinem Bewusstsein zu erheben, desto mehr steigt er auch in sein Unterbewusstsein hinab.[1] Jede Bewusstseinsebene stellt Strömungen, Kräfte und Wesenheiten dar, und er muss darauf achten, diese beiden Welten im Gleichgewicht zu halten.

Der große Fehler derer, die nach dem spirituellen Leben trachten, ist es, die Wirklichkeit der dunklen Welt zu verleugnen, die sie auch in sich tragen. Sie stellen sich vor, es genüge, für das Licht arbeiten zu wollen, weise, gerecht, selbstlos werden zu wollen, um es auch wirklich zu werden. Oh nein, leider nein. Und so hört man Menschen von der geistigen Liebe, von edlen und selbstlosen Gefühlen sprechen, während sie in der Sinnlichkeit und in der Unordnung der Leidenschaften leben. Und andere glauben, sich einem Ideal geweiht zu haben, während sie in Wirklichkeit ihrer Eitelkeit, ihrem Bedürfnis, andere zu beherrschen usw. freien Lauf lassen. Ihr werdet fragen: »Aber warum? Sind sie scheinheilig, fehlt es ihnen an Aufrichtigkeit?« Nein, es kann sein, dass sie eine wirkliche Sehnsucht nach dem spirituellen Leben haben. Nur genügt es nicht, sich danach zu sehnen, um es zu verwirklichen! Und wenn man sich nicht die Mühe macht in sich selbst einzudringen, um die Strukturen und Mechanismen der menschlichen Psyche kennen zu lernen und zu verstehen, geht man schlimmen Widersprüchen entgegen. So wie im Makrokosmos der schwarze Kopf die Spiegelung des Weißen Kopfes im Wasser ist, so ist im Mikrokosmos Mensch die niedere Natur die Spiegelung der höheren Natur. Die Wasseroberfläche wird vom Zwerchfell dargestellt, das symbolisch die höhere Natur von der niederen Natur trennt. Und so wie der schwarze Kopf nicht ohne den Weißen Kopf existieren kann, so können umgekehrt die höhere Natur und die niedere Natur im Menschen nicht ohne einander existieren.

Wir leben dank dieser Verbindung der Gegensätze: dem Höheren und dem Niederen. Und wenn wir nur eins von beiden in uns behalten wollen, werden wir sterben. Unser physischer Körper mit dem Gehirn und den Eingeweiden ist die beste Veranschaulichung dessen. Diese Wirklichkeit ist in uns eingeschrieben, wir laufen damit herum. Ob wir es wollen oder nicht, wir tragen das Licht und die Finsternis, das Allerheiligste und die Kloake, das Leben und den Tod in uns. Eines Tages wird unser Geist unseren Körper verlassen, um in die himmlischen Regionen zurückzukehren, aber solange er in unserem Körper ist, sind wir den Gegensätzen ausgesetzt.

»Alles, was unten ist, ist wie das, was oben ist, und alles, was oben ist, ist wie das, was unten ist«, sagt Hermes Trismegistos in der Smaragdtafel. Ja, alles, was unten ist, ist wie das, was oben ist, aber umgekehrt: Dies enthüllt jene Figur, bei der der schwarze Kopf die Spiegelung des Weißen Kopfes Gottes im Wasser ist. Und Hermes Trismegistos fügt hinzu: »... um die Wunder einer einzigen Sache zu vollbringen.« Zwischen oben und unten, dem Himmel und der Hölle, unserem höheren Ich und unserem niederen Ich gibt es einen ständigen Kreislauf. Fortwährend geschieht ein Austausch, und wir müssen lernen, mit diesen beiden Strömungen zu arbeiten.

Nur die Philosophie der Einheit erlaubt es uns, die Dinge so zu sehen, wie sie in Wirklichkeit sind. In Gott ist alles 1 und sogar, wenn es die 2 gibt, sollte man diese 2 vom Gesichtspunkt der 1 aus verstehen. Die Zahl 1 ist alles und enthält alles. Durch sie existiert das Universum und der Mensch ist der Repräsentant dieser Zahl 1. Es gibt einen Schöpfer, ein Universum, und nichts existiert außerhalb dieser Einheit. Man sollte also auch nichts verwerfen. Und übrigens, sogar wenn wir es wollten, könnten wir es gar nicht. Die niedere Natur in uns zu verwerfen oder sie nicht sehen zu wollen, ist die gefährlichste aller Einstellungen. Wichtig ist zu verstehen, wie sich die Dinge im Innern dieser Einheit zusammenfügen.

Meditiert also über diesen Satz der Smaragdtafel: »Was unten ist, ist wie das, was oben ist und was oben ist, ist wie das, was unten ist, um die Wunder einer einzigen Sache zu vollbringen.« Ihr habt euch noch nicht genügend mit diesen bedeutungsvollen, sehr bedeutungsvollen, äußerst bedeutungsvollen Worten beschäftigt. Wie geschieht es, dass diese beiden Dinge, das Niedere und das Höhere fähig sind, »die Wunder eines einzigen Dinges zu vollbringen«? Weil sie vereint sind. Solange sie getrennt sind, schaffen sie es nicht, Wunder zu vollbringen. Der Sinn des Lebens, das Verständnis des Lebens liegt in dieser Verbindung zwischen oben und unten. Solange diese Verbindung nicht hergestellt ist, bleibt unser Verständnis unvollständig, und unser Leben selbst ist verstümmelt.

Man findet einen Ausdruck dieser Wahrheit im Schriftzug der Zahl 8. Schematisch gesehen besteht die 8 aus zwei Kreisen, die sich an einem Punkt berühren. Jeder Kreis stellt eine Welt dar. Der obere Kreis stellt die obere Welt dar, der niedere Kreis stellt die untere Welt dar und diese beiden Welten berühren sich. Wie die Smaragdtafel, so lehrt uns auch die Zahl 8, dass alles, was unten ist, wie das ist, was oben ist und dass alles, was oben ist, wie das ist, was unten ist. Der Kreis, der unten ist, ist wie derjenige, der oben ist, sie berühren sich an einem Punkt und bilden eine Einheit: die 8. In dieser Zahl 8 findet man die Idee wieder, die in den Worten Jesu enthalten ist: »Wie im Himmel so auf Erden«.[2] Der Himmel sollte zu uns herabsteigen, denn die Erde sind auch wir, die Menschen. Die Mission des Menschen ist es, den Himmel und die Erde in sich zu verbinden, den Himmel durch seine Erde, durch seinen physischen Körper zu spiegeln, um sich göttlich zu manifestieren. Dies ist auch der Sinn dieses sehr alten Symbols der Schlange, die sich in den Schwanz beißt.

Macht diese Übung: Schreibt ganz bewusst die Zahl 8, indem ihr euch auf ihren Verlauf konzentriert. Beginnt oben und beim Herabkommen zeichnet ihr eine Kurve um eine vorgestellte Achse, um eine Zentralsäule, die auf beiden Seiten von einer Strömung umkreist wird. Zeichnet dann die untere Kurve und kommt wieder auf die andere Seite dieser Achse zurück. Steigt wieder auf, bis ihr die herabsteigende Kurve durchkreuzt und macht weiter, bis ihr bei eurem Ausgangspunkt wieder ankommt. Ihr startet von oben und kehrt nach oben wieder zurück. Alles, was vom Himmel kommt, muss zum Himmel zurückkehren. Jesus sagte, dass er vom Vater komme und dass er zum Vater zurückkehren werde. Eine Überlieferung berichtet, dass er, als er die Erde verließ, bevor er in den Himmel aufstieg, in die Hölle hinabgestiegen ist. Warum? Musste er dort Fehler wiedergutmachen? Ihr werdet sagen, dass man euch gelehrt hat, er sei dorthin gegangen, um die Seelen zu befreien. Oje, wie die Kirche die Dinge erklärt. Das ist unglaublich!

Was für eine Tiefgründigkeit liegt in der 8 verborgen! Sie stellt das absolute Gleichgewicht zwischen oben und unten dar. Jetzt kann man die 8 auch waagrecht betrachten. Dann stellt sie das kosmische Gleichgewicht dar. In der Mathematik wird dieses Zeichen als Symbol für die Unendlichkeit verwendet. Und wenn ihr eine aufrechte 8 und eine liegende 8 übereinander legt, so erhaltet ihr ein Kreuz.

Ich habe oft über das Symbol des Kreuzes gesprochen, das eines der verbreitetsten und bedeutungsvollsten Symbole ist.[3] Nach Ansicht der Christen ist das Kreuz so sehr mit ihrer Religion und vor allem mit dem Tod Jesu verbunden, dass sie schließlich die weite Verbreitung und Universalität dieses Symbols vergessen haben. Als ich in Quebec war, erzählte man mir, dass das Kreuz bereits vor der Einführung des Christentums ein sehr verbreitetes Symbol bei den Indianern war. Als die Missionare kamen, akzeptierten sie nicht, dass das Volk, das sie als Heiden oder sogar als Wilde ansahen, ein Kreuz verehrte, das natürlich nicht die gleiche Bedeutung wie im Christentum hatte, und sie verfolgten diese unglücklichen Indianer, bis sie ihrem Kreuz entsagten. Was für eine Unwissenheit, was für eine enge Sichtweise!

Schematisch betrachtet ist ein Kreuz nichts anderes als die Begegnung einer senkrechten und einer waagrechten Linie, doch in dieser so einfachen Figur liegen eine große Anzahl von Anwendungen verborgen. Was uns vor allem hier interessiert, sind diese beiden Linien, die zwei Kräfte, zwei entgegengesetzte Richtungen darstellen, die sich aber treffen, um die Vereinigung der beiden Prinzipien des Männlichen (die senkrechte Linie) und des Weiblichen (die waagrechte Linie) zu bilden. Das Kreuz ist ein Ausdruck der Einheit der beiden Prinzipien. Das Kreuz zu verstehen heißt, das Männliche und das Weibliche, das Positive und das Negative in Bewegung zu bringen. Ihr werdet sagen: »Aber wie soll man sie in Bewegung bringen? Und ist das so wichtig?« Genauso wichtig wie man wissen sollte, wie man das Wasser und das Feuer verwendet. Stellt euch vor, ihr wisst es nicht... Wie vieler Möglichkeiten wärt ihr beraubt. Denkt darüber nach, was man alles machen kann, wenn man weiß, wie man Wasser und Feuer verwendet. Die Vereinigung der beiden Prinzipien erzeugt die Bewegung. Und was ist das Rad? Das Kreuz in Bewegung.

Betrachten wir nun das Kreuz im Raum. Es stellt das Universum als Senkrechte und als Waagrechte dar. Aber in Wirklichkeit untergliedern sich diese beiden

Richtungen senkrecht in oben und unten und waagrecht in rechts und links. Dies sind die vier Kardinalpunkte: Alle Wesen und Gegenstände gehören der einen oder der anderen dieser vier Strömungen an. Diese Idee hat eine sehr interessante Anwendung im Bereich des Innenlebens, denn man kann darin die Beziehungen zwischen der höheren und der niederen Welt wiederfinden. Man kann sagen, dass symbolisch gesprochen die Fähigkeiten und Tugenden sich auf der oberen Hälfte der senkrechten Linie und die Schwächen und Laster sich auf der unteren Hälfte befinden. Jeder Tugend entspricht also ein Laster und umgekehrt. Wer deshalb eine Tugend entfalten möchte, muss wachsam sein, damit er das Erwachen des entsprechenden Lasters beherrschen kann.

Betrachten wir nun die waagrechte Ebene. Hier bleibt im Gegensatz zur senkrechten Ebene die Höhe gleich. Man kann also sagen, dass jeder Tugend symmetrisch eine andere Tugend entspricht oder jedem Laster ein anderes Laster. Waagrecht trifft eine Tugend niemals einen Fehler von der anderen Seite, sondern eine andere Tugend und das Gleiche gilt für die Laster. Um sich also harmonisch entfalten zu können, sollte man lernen, mit den beiden Ebenen, der waagrechten und der senkrechten Ebene zu arbeiten. Dies ist ein sehr wichtiger Punkt. Wenn ihr eine Tugend entfalten wollt und ihr folgt nur der senkrechten Linie, so werdet ihr, das kann ich euch sagen, in euch den entsprechenden Fehler erwecken. Nach einer Zeit der Anstrengungen werdet ihr fühlen, wie dieser Fehler sich bemerkbar macht, und dann seid ihr enttäuscht und entmutigt. Es gibt Leute, die haben nur das Wort »Liebe« im Mund und wenn man sie beobachtet in ihrer Art zu denken und mit den anderen zu leben, was sieht man da für eine Intoleranz, für eine Härte! Wo ist da die Liebe? Und andere, die nur von Reinheit sprechen, was geschieht in ihrem Kopf und in ihrem Herzen? Man sollte also sehr vorsichtig sein. Wenn ihr euch wirklich vervollkommnen wollt, versucht, Vorsichtsmaßnahmen zu treffen, um diesen Absturz zu vermeiden und mit dem Symbol des Kreuzes zu arbeiten. Es liegt nun an euch herauszufinden, welche die Eigenschaften sind (Geduld, Selbstlosigkeit, Freigebigkeit, Demut, Fröhlichkeit), die euch helfen werden, die Tugend zu erlangen, an der ihr ganz besonders arbeiten wollt. Wenn ihr nicht lernt, mit dem Kreuz zu arbeiten, so wird es euch zur Last.

Was ist das Schicksal? Ein Kreuz. Warum sagt man von jemandem, dass er sein Kreuz trägt? Ihr werdet sagen, dies beziehe sich auf den Leidensweg Jesu und dies bedeute, dass man seine Prüfungen ertragen muss. Ja, aber das geht noch viel weiter. Das Schicksal aller Menschen ist in einem Kreuz eingeschrieben.[4] Studiert den Tierkreis: Die zwölf Tierkreiszeichen teilen sich auf in drei Kreuze. Das erste wird gebildet von den Zeichen Widder-Waage und Krebs-Steinbock; das zweite von den Zeichen Stier-Skorpion und Wassermann-Löwe; das dritte von den Zeichen Zwillinge-Schütze und Jungfrau-Fische. In jedem Kreuz findet man die vier Elemente wieder, die zweigeteilt auftreten: die Feuer- und Luftzeichen (männlich) und die Wasser- und Erdzeichen (weiblich). Zum Beispiel Widder (Feuer), Waage (Luft), Krebs (Wasser) und Steinbock (Erde). Das Gleiche gilt für die anderen Zeichen.

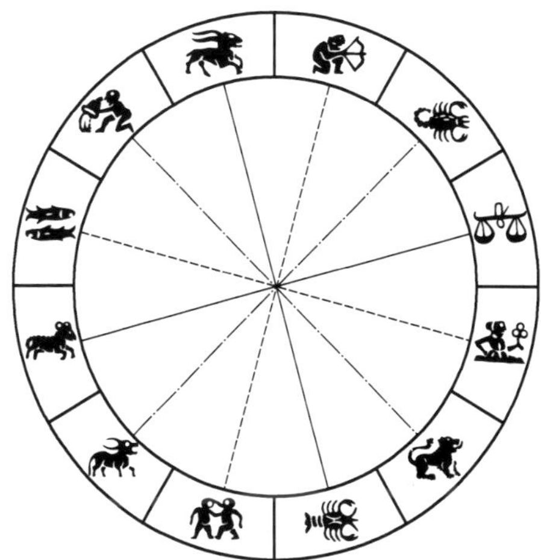

Man findet das Kreuz auch im Horoskop jedes Menschen wieder: die vier Kardinalpunkte, die sein Schicksal bestimmen: Aszendent, Deszendent, Himmelsmitte (MC) und Himmelsgrund (IC). In unserem Schicksal wie im Himmel regieren die beiden Prinzipien Männlich und Weiblich und sie formen symbolisch ein Kreuz.

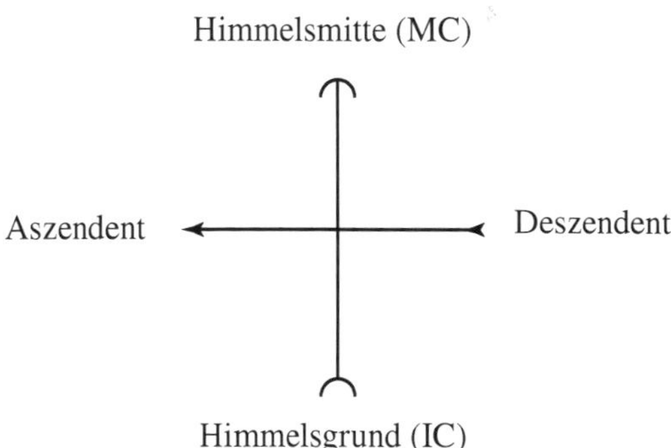

Wer nicht gelernt hat, mit den beiden Prinzipien zu arbeiten, erleidet die Konsequenzen seiner Unwissenheit. Er muss sein Kreuz wie eine Last tragen. Wer hingegen damit zu arbeiten weiß, erfährt das Schicksal wie ein unermessliches Feld der Entdeckungen. Wie viele Christen stellen sich vor, dass sie beschützt werden, wenn sie ein Kreuz um den Hals tragen! Nein, ein Kreuz zu tragen, reicht nicht aus. Nur das Verständnis des Kreuzes allein kann uns beschützen.

Die Vereinigung der beiden Prinzipien findet sich in den wesentlichen Figuren oder Symbolen der Religionen wieder. Man kann aus der ägyptischen Religion die Sphinx erwähnen; aus der jüdischen Religion das Salomonsiegel: die zwei ineinander geschlungenen Dreiecke, aus Indien das Lingam: eine waagrechte Schale oder Halterung (das weibliche Prinzip), auf das sich ein senkrechter Stiel (das männliche Prinzip) stützt; aus der taoistischen Religion ist es der Kreis, in dem die beiden Symbole Yin (weiblich, schwarz) und Yang (männlich, weiß) eingezeichnet sind und sich gegenseitig durchdringen.

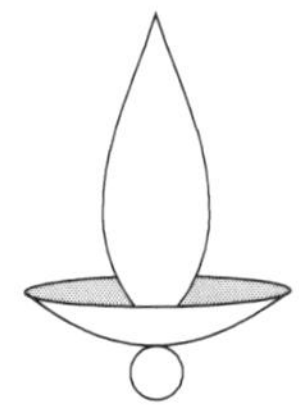

Das Kreuz ist die Synthese aller Phänomene des Lebens. Das wahre Kreuz ist der Mensch, der die beiden Prinzipien entfalten und der seine Materie verfeinern konnte, um sie würdig zu machen, den Heiligen

Geist zu empfangen. Dieses Herabsteigen des Heiligen Geistes in den Menschen stellt die Verschmelzung zwischen Materie und Geist dar. In den Evangelien wird gesagt, dass Jesus bei der Taufe den Heiligen Geist in Form einer Taube empfangen hat, und er ist am Kreuz gestorben. Welche Symbole zum Meditieren! Die Katharer haben sie vereinigt, indem sie eine Taube dargestellt haben, die ein Kreuz in ihrem Schnabel trägt.

Anmerkungen

1. Siehe Band 221 der Reihe Izvor »Alchimistische Arbeit und Vollkommenheit«, Kapitel 2: »Der menschliche Baum«.
2. Siehe Band 215 der Reihe Izvor »Die wahre Lehre Christi«, Kapitel 5: »Wie im Himmel so auch auf Erden«.
3. Siehe Band 218 der Reihe Izvor »Die geometrischen Figuren und ihre Sprache«, Kapitel 6: »Das Kreuz«.
4. Siehe Band 220 der Reihe Izvor »Der Tierkreis, Schlüssel zu Mensch und Kosmos«, Kapitel 4: »Das Kreuz des Schicksals«.

Kapitel 9

Der Äskulapstab des Hermes – Die Schlange der Astralebene

Unser physischer Körper ist auf beiden Seiten einer Zentralachse, der Wirbelsäule, symmetrisch aufgebaut, und in diesem Sinne kann man auch sagen, dass er von der Zahl 2 regiert wird. Wir haben 2 Augen, 2 Ohren und obwohl das Gehirn und die Nase 1 sind, sind sie in Wirklichkeit 2: die 2 Gehirnhälften und die 2 Nasenlöcher. Dann gibt es die 2 Lungen, die 2 Nieren und der Mann besitzt 2 Hoden und die Frau 2 Eierstöcke. Schließlich haben wir 2 Arme und 2 Beine.

Obwohl diese Symmetrie nicht absolut ist, denn die linke Seite unseres Körpers ist nie die exakte Symmetrie der rechten Seite, existiert sie physisch. Aber im psychischen Bereich schaut die Sache schon wieder ganz anders aus. Das Studium des menschlichen Gehirns hat gezeigt, dass die Funktionen der beiden Gehirnhälften nicht identisch sind: Die linke Gehirnhälfte ist der Sitz der analytischen Fähigkeiten (der Logik, der Überlegung), die man männlich nennen kann und die rechte Gehirnhälfte ist der Sitz der synthetischen Fähigkeiten (der Intuition, der Sensibilität), die man weiblich nennen kann. Die beiden Gehirnhälften haben demnach sich ergänzende Aktivitäten. Man kann also sagen, dass unser physischer Körper symmetrisch aufgebaut ist, während unser psychischer Organismus auf der männlichen und weiblichen, der positiven und negativen Polarisation beruht.

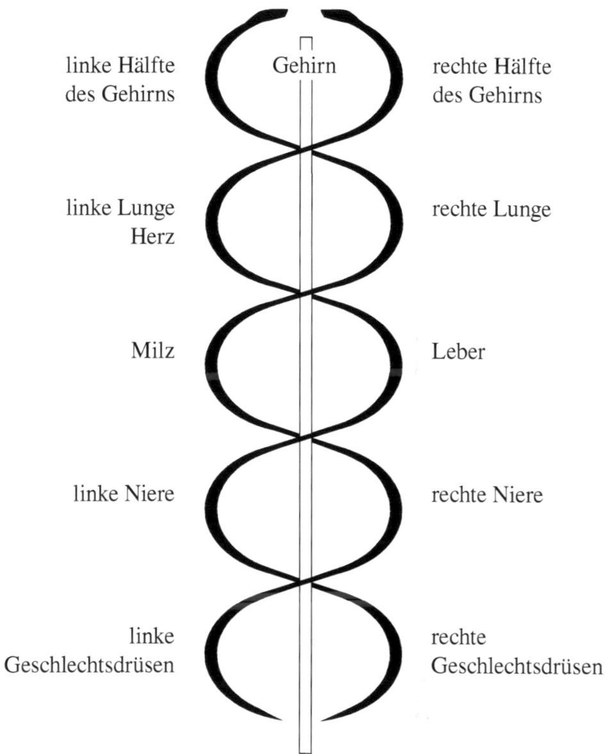

Der Einweihungswissenschaft zufolge gehen zwei Ströme von der rechten und linken Gehirnhälfte aus und steigen ab, indem sie abwechselnd auf beiden Seiten der Wirbelsäule vorbeikommen. Der Strom, der von der rechten Gehirnhälfte ausgeht, geht durch den linken Lungenflügel und dann zur Leber, geht durch die linke Niere und die rechte Geschlechtsdrüse und dann in das linke Bein hinein. Die zweite Strömung geht von der linken Gehirnhälfte aus, wendet sich zum rechten Lungenflügel, dann zur Milz und von dort zur rechten Niere, dann zur linken Geschlechtsdrüse und in das rechte Bein. Diese beiden Strömungen kreuzen sich also, und bei jeder Kreuzung vollzieht sich der Übergang von positiv nach negativ, von männlich nach weiblich.

Diesen regelmäßigen Wechsel der positiven und der negativen Polarisation findet man auch im Sephirothbaum wieder, der auch eine Darstellung des Menschen ist. Der Sephirothbaum besteht aus drei Säulen: einer Zentralachse, Säule des Gleichgewichts genannt und auf beiden Seiten die Säulen der Milde (männliche Kraft, positiv) und der Strenge (weibliche Kraft, negativ). Ich habe euch gezeigt, wie die Strömung, die Kether ausströmt, bis zu Malkuth hinabsteigt und regelmäßig die Polarisation Männlich und Weiblich wechselt.

Der Äskulapstab des Hermes ist eine andere Darstellung der menschlichen Struktur: Die beiden Schlangen, die sich auf beiden Seiten des Zentralstabes kreuzen, sind die beiden Strömungen, die sich auf beiden Seiten der Wirbelsäule schlängeln. Die Hindus haben sie Ida und Pingala genannt und den Zentralkanal im Inneren der Wirbelsäule: Sushumna.

Die Atemübungen,[1] die wir täglich machen, stehen in Verbindung mit der Polarität dieser beiden Strömungen: Wenn wir das linke Nasenloch zuhalten, atmen wir durch das rechte ein und dann, wenn wir das rechte Nasenloch zuhalten, atmen wir durch das linke aus.

Und dann umgekehrt: Wenn wir das rechte Nasenloch zuhalten, atmen wir durch das linke ein und dann wenn wir das linke Nasenloch zuhalten, atmen wir durch das rechte aus. Diese Atemübungen tragen zur guten Zirkulation dieser beiden Strömungen in uns bei.

Überall bei den Ärzten und Apotheken kann man den Äskulapstab sehen, aber wer vermutet dabei wirklich den Reichtum seiner Bedeutung? Was sind diese beiden Schlangen? Die Überlieferung stellt die Schlange in zwei entgegengesetzten Aspekten dar: einem günstigen und einem unheilvollen Aspekt. In der Genesis sagt Moses, sie sei »das listigste aller Tiere des Feldes«.[2] Sie war es, die sich als Gegner Gottes manifestierte und Adam und Eva dazu drängte, sich Gottes Anordnungen zu widersetzen. Im Buch Exodus hingegen wurde beschrieben, dass Moses auf Anordnung Gottes eine bronzene Schlange goss, und wer diese Schlange sah, war geheilt. Und als Jesus seine Jünger auf Mission schickte, sagte er zu ihnen: »Seid klug wie die Schlangen und ohne Falsch wie die Taube.« Er machte also aus der Schlange ein Symbol der Weisheit. Genauso werden in Indien die Weisen »Nagi« genannt: Schlangen. Wie kann man es sich nun erklären, dass das gleiche Symbol einmal als günstig und einmal als unheilvoll angesehen wird?

Betrachten wir die Art, wie sich die Schlange fortbewegt. Sie kommt nur vorwärts, wenn sie Sinuskurven beschreibt. Nun bewegt sich aber auch das Licht in Form von Sinuskurven vorwärts. Deshalb bedienen sich die Eingeweihten des Bildes der Schlange, wenn sie dieses magische Agens, dieses universelle Medium erklären wollen, dank dessen sich die Wellen im Raum verbreiten und das sie Astrallicht nennen. Dieses Agens ist an und für sich neutral. Es besitzt nur eine Übertragungsfunktion, und es überträgt das Gute sowie das Böse. Die astrale Schlange hat also eine Doppelnatur, eine gute und eine schlechte, und um diese Doppelnatur auszudrücken, haben die Eingeweihten die beiden Schlangen auf den Äskulapstab gesetzt. Sie stellen die beiden Strömungen, die positive und die negative des Astrallichtes dar. Die erste ist lichtvoll und warm, die zweite dunkel und kalt; die eine ist weiß, die andere schwarz. Die Überlieferung nennt sie Od und Ob. Dies sind die beiden Strömungen des Lebens und des Todes, der Liebe und des Hasses, d. h. der Anziehung und der Abstoßung. Eine dritte Strömung, die sie miteinander verbindet, wird Aur genannt: das Licht. Wer sich dieser dritten Strömung bedienen kann, kann die beiden anderen beherrschen.

Da die Schlange es war, die Eva und Adam dazu gedrängt hat, von der Frucht des Baums der Erkenntnis des Guten und des Bösen zu kosten, hat man aus ihr ein Symbol der Erkenntnis gemacht. Nun ist aber auch die Erkenntnis, so wie die Astralschlange neutral. Sie ist gut oder schlecht, je nachdem wie man sie benutzt. Die gelehrtesten Menschen können die größten Wohltäter oder die größten Verbrecher sein. Wissen ist Macht. Wer sein Wissen für das Gute einsetzt, ist mit der Schlange des Lichtes verbunden und ein weißer Magier. Und wer es für das Böse einsetzt, ist mit der Schlange der Finsternis verbunden und ein schwarzer Magier. Aber die einen wie die anderen bedienen sich des gleichen Agens, der gleichen Energie.

Die Schlange hat zwei Aspekte, aber sie ist eins. Man sollte ihre schlechten Aspekte besiegen und hat man sie einmal besiegt, wird sie unser Diener, gibt sie uns ihre Energien. Ja, aber zuallererst müssen wir sie beherrschen.

Wenn man die Legende des Sehers Tiresias studiert, so wie sie die griechische Mythologie darstellt, findet man sehr interessante Aspekte des Schlangensymbols.

Der Legende zufolge war Tiresias ein junger Grieche, der Sohn von Chariklo, einer der Begleiterinnen der Göttin Athene. Eines Tages, als sie nackt im Wasser eines Brunnen badeten, beobachtete sie Tiresias. Aber da ein Sterblicher niemals einen Unsterblichen überraschen durfte, nahm ihm Athene als Strafe das Augenlicht. Chariklo war untröstlich, deshalb wollte Athene diesen Verlust durch eine wunderbare Gabe ausgleichen: Sie löste die Schlange, die sich unter ihrem Schild erstreckte, los und beauftragte sie, mit ihrer Zunge die Ohren von Tiresias zu reinigen, damit er die Sprache der weissagenden Vögel verstehen konnte.

Nach einer anderen, besser bekannten Version ging Tiresias eines Tages auf einem Berg spazieren, als er zwei Schlangen sah, die sich gerade paarten. Er schlug sie mit seinem Stab, um sie zu trennen und tötete das Weibchen. Dadurch wurde er sofort in eine Frau verwandelt. Sieben Jahre danach kam er an den gleichen Ort zurück und fand noch einmal 2 Schlangen, die sich paarten. Wieder wollte er sie trennen, aber dieses Mal tötete er das Männchen und fand so seine männliche Gestalt wieder. Nun warf eines Tages Hera ihrem Gemahl Zeus alle seine Seitensprünge vor. Dieser antwortete, dass sie sich gar nicht zu beklagen hätte, denn in der Liebe empfände die Frau mehr Vergnügen als der Mann. Hera protestierte und wollte dies nicht zugeben. Es entwickelte sich daraus ein Streit und schließlich entschlossen sie sich, Tiresias zu Rate zu ziehen, weil dieser ja die Erfahrung beider Geschlechter hinter sich hatte. Tiresias wurde also befragt und antwortete, dass unbestreitbar die Frau das größere Vergnügen empfände. Die wütende Hera nahm ihm das Augenlicht, aber Zeus schenkte ihm als Ausgleich die Gabe des Prophezeiens und ein Leben, das sich sieben Generationen lang erstreckte.

Es würde zu lange dauern, alle Aspekte dieses Mythos zu studieren, aber ohne in die Details einzudringen, kann man den Reichtum des Schlangensymbols feststellen: In der Tat berührt es den Bereich der Sexualität und die Rolle der beiden Prinzipien, den Bereich der Erkenntnis (Hellhörigkeit und Hellsichtigkeit) und schließlich der Langlebigkeit, d. h. der Medizin. Im Mythos von Tiresias sowie im Äskulapstab des Hermes gibt es 2 Schlangen, welche die 2 Pole, Männlich und Weiblich, Positiv und Negativ darstellen.

Der Äskulapstab des Hermes ist nicht nur ein Bild der Struktur des Menschen mit den beiden Strömungen, die auf beiden Seiten der Wirbelsäule zirkulieren, er ist auch das Symbol der Macht, die der Eingeweihte erlangt hat, indem er mit den beiden Prinzipien arbeitet, um auf die Natur, auf sich selbst und auf die anderen zu wirken. Deshalb hat man aus dem Äskulapstab ein Symbol der Medizin gemacht. Der Äskulapstab des Hermes stellt eine umfassende Philosophie und eine Lebensdisziplin dar. Er lehrt uns, wie wir mit den beiden Strömungen (Männlich und Weiblich) arbeiten sollen, die im Universum zirkulieren. Ein wahrer Eingeweihter, der mit den beiden Prinzipien arbeitet, der die Kraft der beiden Prinzipien als Instrument, als Waffe, als Medikament erkennt, dieser Eingeweihte besitzt die wahre Macht.[3]

Anmerkungen

1. Siehe Band 303 der Reihe Broschüren »Die Atmung« und Band 32 der Reihe Gesamtwerke »Die Früchte des Lebensbaums«, Kapitel 16: »Menschliche und kosmische Atmung« und das Buch mit DVD »Die Gymnastik-Übungen. Sinn, Ablauf und Entsprechung zu heiligen Symbolen«.
2. Siehe Band 3 der Reihe Gesamtwerke »Die beiden Bäume im Paradies«, Kapitel 9 Teil 2: »Die beiden Bäume des Paradieses – Die Schlange in der Genesis«.
3. Siehe Band 212 der Reihe Izvor »Das Licht, lebendiger Geist«, Kapitel 9: »Der Laserstrahl im geistigen Leben«.

Kapitel 10

Prinzip des Lebens und Prinzip des Todes: Jona und Orew

Teil 1

Die Natur ist der Schauplatz eines ständigen Kampfes zwischen dem Prinzip des Lebens und dem Prinzip des Todes. Das erste vereinigt und organisiert überall die Elemente, wo es in sie eindringt, das zweite hingegen trennt und zersetzt diese gleichen Elemente und schickt sie in die kosmischen Laboratorien zurück, wo sie wieder verwendet werden, um bei der Schöpfung neuer Organismen nützlich zu sein. Diese Prozesse können in allen Naturreichen und natürlich auch im Menschen beobachtet werden. Die Einweihungswissenschaft nennt diese beiden Prinzipien »Jona« und »Orew«.

Jona und Orew sind zwei hebräische Wörter, die Taube und Rabe bedeuten. Die Taube und der Rabe sind die beiden Vögel, die Noah aus der Arche fliegen ließ, um zu sehen, ob das Wasser der Sintflut schon gesunken war. »Nach vierzig Tagen«, steht in der Genesis, »öffnete Noah das Fenster, das er in die Arche gemacht hatte. Er ließ den Raben hinausfliegen und dieser kam immer wieder zurück bis die Erde vollständig trocken war. Er ließ auch die Taube hinausfliegen, um zu sehen, ob das Wasser auf der Erdoberfläche schon weniger geworden war. Aber die Taube fand keinen Ort, um sich niederzulassen und kehrte zu ihm in die Arche zurück, denn die gesamte Erdoberfläche war mit Wasser bedeckt. Er hob die Hand, nahm sie und ließ sie zu sich in die Arche zurückkehren. Er wartete abermals sieben Tage und ließ die Taube wiederum aus der Arche hinausfliegen. Die Taube kam am Abend zurück; und siehe, sie hatte einen kleinen Zweig eines Olivenbaumes im Schnabel. Noah erkannte so, dass das Wasser auf der Erde zurückgegangen war. Er wartete sieben weitere Tage und ließ die Taube hinausfliegen. Aber sie kehrte nicht mehr zu ihm zurück.«

Man kann Jona, das Prinzip des Lebens, mit dem Geist gleichsetzen und Orew, das Prinzip des Todes, mit der Materie. Sobald der Fötus im Mutterleib sich zu formen beginnt, fangen auch schon diese beiden Prinzipien an, sich zu äußern, indem sie gegeneinander kämpfen. Sobald der Geist in den Körper hinabgestiegen ist, um ihn zu beleben, setzt ihm die Materie auch schon ihre eigene Macht entgegen, und während die Mächte des Lebens sich aufmachen, um den Organismus zu beleben, wirkt schon das Prinzip der Materie leise dagegen, um den Prozess zu bremsen. In den ersten Jahren des Lebens bleibt das Prinzip der Materie unterworfen und seine Rolle ist zweitrangig. Es schafft Hindernisse, wenn es kann, aber sein Wirken wird vom Willen und von der Macht des Geistes beschränkt. Später, wenn der Geist seine Pläne im Körper erreichen konnte, entfernt er sich wieder und dann beginnt wirklich die absteigende Bewegung.

Die aufsteigende Periode ist die Periode des Aufblühens, der Entfaltung, der Hoffnung. Die verwunderten Eltern stellen fest, dass das Kind sehr schnell wächst, dass es voller Kraft, Geschmeidigkeit und

Ausstrahlung ist. Die Alten seufzen: »Oh, wie ist die Jugend schön!« Dieses Prinzip, dessen Funktion es ist, die Elemente zusammenzuhalten, arbeitet bis zu einem gewissen Punkt. Aber der Moment kommt, wo der Geist sich vom Körper zu entfernen beginnt, wo er nicht mehr wie vorher seine Arbeit macht: Er will den Körper verlassen und anderswohin gehen, um andere Regionen zu besuchen, eine andere Arbeit zu machen, neue Dinge zu lernen. Das Prinzip der Materie wird dann immer kühner und verfolgt aktiv seine Arbeit der Auflösung. Von Zeit zu Zeit greift der Geist ein, um sich entgegenzustellen, dann entfernt er sich wieder. Bis der Tag kommt, wo er sich endgültig entfernt.

Das zerstörerische Prinzip ist pausenlos aktiv. Sobald das Leben erscheint, macht es sich an die Arbeit. Aber seine Macht ist begrenzt. Einen gewissen Zeitabschnitt wird es von der Macht, die der Geist über die Materie besitzt, in Schach gehalten. Dann kommt der Moment, wo es den Sieg davonträgt, denn dies ist ein Gesetz: Alles, was geboren wird, muss sterben. Das Leben und der Tod sind Geschwister, die sich die Hand geben und alle beide für die Entwicklung arbeiten. Der Tod erscheint uns als etwas Schreckliches, aber überlegt einmal: Stellt euch einmal vor, was geschähe, wenn der Tod sein Wirken beenden würde; das wäre noch schlimmer... Orew und Jona arbeiten auf demselben Feld, aber zu verschiedenen Zeiten. So wie es Salomon im Prediger sagt: »Ein jegliches hat seine Zeit, und alles Vorhaben unter dem Himmel hat seine Stunde: Geboren werden hat seine Zeit, Sterben hat seine Zeit; Pflanzen hat seine Zeit, Ausreißen, was gepflanzt ist, hat seine Zeit; Töten hat seine Zeit, Heilen hat seine Zeit; abbrechen hat seine Zeit, bauen hat seine Zeit; Weinen hat seine Zeit, Lachen hat seine Zeit...« (Pr 3,1-4).

Nur der Geist ist unsterblich, und er inkarniert sich unaufhörlich in neuen Formen, die ihrerseits wieder zerstört werden[1]. Ein Mensch jedoch, der sich bemüht, dem Geist in sich den ersten Platz einzuräumen, kann die Wirkung des zerstörerischen Prinzips verzögern. Dieses Prinzip wird auch mit einem anderen Begriff gleichgesetzt: mit der Zeit (Chronos oder Saturn). Ja, ein Mensch, der sich bemüht, dem Geist in sich den ersten Platz einzuräumen, taucht in diesen Jungbrunnen ein, der das göttliche Licht ist und regeneriert sich. Er bemüht sich in allen Handlungen seines Lebens, sein Herz der Güte, der Milde, der Schönheit zu öffnen, damit der Frühling in ihn einziehen kann.

Man kann das zerstörerische Prinzip nicht besiegen, aber man sollte sich ihm bewusst entgegenstellen, sein Wirken hemmen und vor allem wissen, wie man es nutzen kann. Wie? Wenn die Krankheit und das Alter beginnen, ihren Schaden anzurichten, wenn man seine Kräfte und physischen Mittel immer mehr verliert, sollte man sich sagen, dies sei nun der Moment, andere Beschäftigungen, andere Quellen der Freude zu suchen. Man sollte alles benutzen, und wenn man seine physischen Energien immer mehr verliert, sollte man in sich graben, um die spirituellen Energien sprudeln zu lassen, die unerschöpflich sind.

Die kosmische Intelligenz hat die Dinge so zu unserem Wohle organisiert. Wenn das Prinzip, das wachsen und die Wesen aufblühen lässt, keinen Gegensatz und keine Hindernisse auf der physischen Ebene antreffen würde, so würde der Mensch sich verlieren. Ja, wenn das Alter, die Krankheit und andere Übel nicht da wären, um die Menschen ein bisschen in Schranken zu halten, wie viele Menschen wären zu Monstern geworden! Aber alle wissen, dass ihr Weg nur einen einzigen Ausgang hat: den Tod. In diesem Bereich sind alle Menschen gleich. Alle sind also gezwungen, sich zu fügen, bescheiden zu sein, vernünftiger zu werden und den Weg zu finden, der zu Gott hinführt.

Solange die Menschen jung und gesund sind, denken sie niemals daran, dass das Prinzip der Zersetzung eines Tags triumphieren wird. Sie haben die Tendenz zu glauben, dass die Welt ihnen gehört und dass ihnen die Zukunft unaufhörlich zulächeln wird. Was für eine Überraschung, wenn sie bemerken, dass ihnen alles zu entgleiten beginnt! In diesem Kampf ohne Gnade, der sich zwischen Jona und Orew abspielt, wollen manche Jona mit allen Mitteln behalten, was sie dazu treiben kann, alle möglichen Dummheiten zu machen. Viele leben diesen Zeitabschnitt des Alters, als wäre er der schmerzlichste ihres ganzen Lebens. Wenn sie bemerken, dass Orew immer mehr an Boden gewinnt, werfen sie alles, was sie für eine andere Aufgabe angesammelt haben, in den Kampf und verlieren alles.

Ihr werdet sagen: »Aber ist es nicht gut zu kämpfen?« Ja, aber wie kämpfen, das ist die Frage. Wir sind nicht auf Erden, um hier ewig jung und bei guter Gesundheit zu bleiben, sondern um hier ein Praktikum, eine Lehre zu machen. Die beiden Prinzipien sind keine Feinde. Sie wurden von Gott geschaffen und müssen abwechselnd ihre Wirkung entfalten. Die Funktion von Orew ist es, die Elemente wieder dorthin zurückkehren zu lassen, wo sie hergekommen sind und so die menschliche Seele von der Welt der Illusion zu befreien. Deshalb nimmt im Laufe der Zeit Jona seinen Einfluss auf den Menschen. Wer die Windungen des Lebensweges kennt und sich bemüht, alles zu benutzen, ist weise. In der spirituellen Welt gibt es einen ununterbrochenen Aufstieg. Hier unten sieht man, was man auch macht, dass die Stirn und die Wangen faltig werden, dass die Haare weiß werden, dass die Zähne ausfallen usw. Aber man sollte verstehen, dass der äußere Schein überhaupt nicht wichtig ist, wenn hinter den weißen Haaren und den Falten das spirituelle Leben hervorstrahlt.

Man sagt, der Tod sei schrecklich und hässlich. In Wirklichkeit ist dieses auflösende Prinzip der größte Wohltäter: Es ermöglicht den Menschen, sich zu befreien, um weitergehen und höher steigen zu können.[2] Die Eingeweihten, welche die Pläne der kosmischen Intelligenz kennen, akzeptieren die Wirklichkeit dieser beiden Prinzipien und bemühen sich, mit Jona zu arbeiten, das reinigt, verschönert und erleuchtet. Jona ist ein eher mentales und spirituelles Prinzip. Wenn wir wissen, dass dieses Prinzip verstärkt werden kann, wenn wir es mit richtigen Gedanken und edlen Gefühlen ernähren, können wir all die Wirkungen von Orew in uns verzögern.[3]

Aber ich sage euch dies nicht, um in euch den Wunsch zu wecken, in ewiger Jugend zu leben. Dies werdet ihr auf alle Fälle nicht erlangen. Ich möchte nur, dass ihr Klarheit habt über diese Frage, damit ihr die Vormachtstellung dem Geist gebt: Der Geist in euch ist es, der die Aktivität aufrechterhält und der euch die Geschmeidigkeit und die Freude gibt. Das Geheimnis der Jugend ist es, niemals anzuhalten auf dem Weg zu den Gipfeln der spirituellen Berge.

Anmerkungen

1. Siehe Band 26 der Reihe Gesamtwerke »Der Wassermann und das Goldene Zeitalter«, Kapitel 1: »Die Prinzipien und die Formen«.
2. Siehe Band 211 der Reihe Izvor »Die Freiheit, Sieg des Geistes«, Kapitel 4: »Der befreiende Tod«.
3. Siehe Band 241 der Reihe Izvor »Der Stein des Weisen«, Kapitel 3: »Ihr seid das Salz der Erde«.

Teil 2

Man braucht kein großer Philosoph zu sein, um zu bemerken, dass sich im Leben zwei Kräfte kampfgerüstet gegenüberstehen, sich die Stirn bieten und abwechselnd in uns Gesundheit und Krankheit, Freude und Traurigkeit, Hoffnung und Entmutigung, Gelassenheit und Gewalt erzeugen. Auch dies sind Äußerungen der beiden Prinzipien des Lebens und des Todes: Jona und Orew. Aber es genügt nicht, diese Äußerungen zu bemerken, man sollte auch wachsam sein, damit man diese sich gegenüberstehenden Kräfte ausgleichen kann.

Ihr seid gereizt, schlecht aufgelegt, unglücklich? Das kommt daher, weil sich eine Schale eurer inneren Waage gefährlich weit auf eine Seite neigt. Ihr solltet also ein Gewicht in die andere Waagschale legen. Und welches Gewicht? Nun z.B. den Gedanken, dass ihr ein Sohn (eine Tochter) Gottes seid, dass ihr eine unsterbliche Seele besitzt, dass ihr Eltern, Kinder, Freunde habt usw. Es gibt so vieles, was man in diese Schale legen kann: Gedanken, Gefühle, Worte usw. Sucht sie, versucht euch damit zu durchdringen, bis ihr fühlt, dass das Gleichgewicht wieder hergestellt ist. Ja, aber ihr solltet dies ganz bewusst machen, sonst vergesst ihr es. An manchen Tagen stellt sich das Gleichgewicht von selber her, man weiß gar nicht warum, aber ein anderes Mal ist dies nicht der Fall, und wenn man es sich nicht zur Gewohnheit macht, sofort zu reagieren, sobald man etwas fühlt, was nicht in Ordnung ist, so kann es passieren, dass eine Waagschale gefährlich weit sinkt.

Ich habe euch so viele Methoden gegeben, die wirksam und mächtig sind! Jemand verhält sich euch gegenüber sehr ungerecht, er ist so boshaft, dass ihr gar nicht anders könnt, als ihn zu verabscheuen. Der Gedanke an diese Bosheit verfolgt euch, und ihr kämpft und leidet. Ihr solltet also Folgendes machen: Legt in die andere Waagschale nur diese Überlegung: »Oh, der Arme, um so boshaft zu sein, muss er wirklich sehr unglücklich sein. Die Bedingungen, in denen er gelebt hat, waren sicher sehr schlecht. Also, anstatt mich nun bei ihm rächen zu wollen, sollte ich ihm helfen, weil ich mehr bevorzugt bin.« So verrichtet diese Überlegung, dieses Mitleid eine Arbeit, und ihr hört auf, ihn zu verabscheuen. Auf diese Art und Weise befreit ihr euch. Macht es wenigstens für euch, um euch von diesem Gewicht des Hasses zu befreien.[1] Indem ihr überlegt und nachdenkt, legt ihr bereits ein Gewicht auf die andere Waagschale und so profitiert ihr davon als Erster: Ihr seid erleichtert und beruhigt worden.

Es gibt auch Menschen, die sind unglücklich, ohne überhaupt zu wissen, warum. Ich empfehle ihnen, in die Altersheime, Krankenhäuser oder Gefängnisse zu gehen und zu sehen, was wirklich physisches und moralisches Elend bedeutet. So werden sie sich bewusst, was sie innerlich alles besitzen! Und sie werden sehen, dass sie sich eigentlich schämen sollten, ihr inneres Unwohlsein immer mit sich herumzuschleppen, das ja eigentlich davon kommt, dass sie keinerlei Anstrengung unternehmen, um ihr psychisches Leben in Ordnung zu bringen. Sie sind faul, so faul! Das Einzige, was sie machen können, ist, beim geringsten Unwohlsein in die Apotheke zu eilen. Ich sage weder, dass sie nicht in die Apotheke gehen, noch dass sie keine Medikamente nehmen sollten. Aber warum einzig und allein bei materiellen, physischen Mitteln Zuflucht nehmen, während doch oft die Ursache nicht auf der physischen Ebene, sondern in viel subtileren Regionen liegt?

Ihr habt z. B. Kopfweh und nehmt ein Aspirin, aber diese Kopfschmerzen können auch eine psychische Ursache haben: Gereiztheit, Unruhe usw. Also, auch wenn ihr eine Verbesserung verspürt, so hält diese nicht lange an, wenn ihr euch damit zufrieden gebt, ein Medikament zu schlucken. Vergesst in diesem Falle nicht, dass ihr auch psychische Mittel, die Arbeit mit den Gedanken, zur Verfügung habt. Dies dauert vielleicht länger, aber es ist wenigstens eines Tages endgültig.

Und was ist ein Krieg? Ein Ungleichgewicht der Waage: Die Menschen haben auf eine Waagschale ihre Rachsucht, ihren Ehrgeiz, ihre Gier gelegt, ohne etwas als Gegengewicht auf die andere Waagschale zu legen. Es kommt also der Moment, an dem das Missverhältnis so groß geworden ist, dass Orew, der Rabe über Jona, die Taube den Sieg davonträgt. Es ist unmöglich, die Missverständnisse und Feindschaften zwischen den Menschen zu verhindern. Aber wenn es zur gleichen Zeit genug Menschen gibt, die das Gleichgewicht dank ihrer Gedanken, ihrer Gefühle, ihrer Gebete wieder herstellen, so wird die negative Waagschale nicht bis zu dem Punkt sinken, wo ein Krieg ausbricht. Und wenn einmal der Krieg ausgebrochen ist, was macht man dann? Die Minister und Botschafter setzen sich zusammen, man bringt den Fall vor die UNO usw. Natürlich ist dies nicht unnötig, aber es ist genauso wie bei den Apotheken: Anstatt an den Ursachen zu arbeiten, arbeitet man an den Auswirkungen.

Die Einweihungswissenschaft lehrt, dass bevor ein Krieg auf der physischen Ebene erklärt wird, er schon oben auf der psychischen Ebene erklärt wurde: Es sind die Egregore, die kollektiven Wesenheiten der Länder, die Krieg führen. Man glaubt nicht genügend an die Macht der Gedanken und Gefühle.[2] So viel Unverständnis, so viel Hass sammelt sich auf der psychischen Ebene an, dass unweigerlich eines Tages die Handlungen folgen. Die Handlungen sind immer die Folgen der Gedanken und Gefühle. Wenn ihr jemanden liebt, wenn ihr gut über ihn denkt, so werdet ihr, gleich wenn ihr ihn seht, auf ihn zueilen, um ihn zu begrüßen und zu umarmen. Wenn ihr hingegen ihm gegenüber alle möglichen schlechten Gedanken und Gefühle hegt, dann werdet ihr ihm schließlich Ohrfeigen geben.

Man kann den Menschen niemals oft genug sagen, wie wichtig es ist, Zentren des Lichtes und des Friedens zu schaffen, um die Mächte des Chaos zu neutralisieren. Es ist Zeit, dass sie verstehen, wie die kosmischen Kräfte arbeiten. Das Gleichgewicht existiert in allen Bereichen. Ihr wisst, wie man in der Physik das Resultat zweier Kräfte ausrechnet. Nun gut, dieses Gesetz ist nicht nur auf der physischen Ebene gültig, sondern auch auf der psychischen Ebene. Wenn es auf der einen Seite einige tausend Menschen gibt, die wirklich für das Wohl der Menschheit arbeiten, während Milliarden andere nur damit beschäftigt sind, ihre eigenen Angelegenheiten zu regeln und sich dabei eifersüchtig, egoistisch, rachsüchtig zeigen, wie wollt ihr dann, dass der Friede triumphiert? Auch hier sind die Ereignisse nur das Resultat zweier sich gegenüberstehender Kräfte.

Die Gedanken, Gefühle, Wünsche und Handlungen üben einen gewissen Druck auf die unsichtbare Welt aus, und diejenigen, die den größten Druck ausüben, tragen den Sieg davon. Ihr werdet sagen: »Aber es gibt doch mehr als tausend Menschen, die wollen, dass das Gute triumphiert!« Ja, aber so schwach, so lasch! Was sie wirklich wollen ist, eines schönen Morgens aufzuwachen und den Frieden, die Fülle und das Glück vorzufinden, ohne etwas dafür getan zu haben, damit dieser Frieden, diese Fülle, dieses Glück triumphieren. Die Menschen wünschen den Frieden, das ist richtig, wenigstens die meisten von ihnen. Aber wann werden sie sich dessen bewusst, dass sie mit ihrem Egoismus, ihrem schlechten Verständnis der Dinge, ihrer Faulheit nur den Krieg anziehen können?

Anmerkungen

1. Siehe Band 215 der Reihe Izvor »Die wahre Lehre Christi«, Kapitel 7: »Vater, vergib ihnen, denn sie wissen nicht, was sie tun«.
2. Siehe Band 224 der Reihe Izvor »Die Kraft der Gedanken«, Kapitel 1: »Von der Wirklichkeit der spirituellen Arbeit«.

Kapitel 11

Das Dreieck Kether-Chesed-Geburah

Teil 1

Das Zepter und der Reichsapfel

Das Zepter und der Reichsapfel sind die Insignien der Königswürde und allgemein gesprochen der Macht. Jedes Mal wenn eine Persönlichkeit mit einem Zepter in der rechten und einem Reichsapfel in der linken Hand dargestellt wird, weiß man, dass es sich um eine königliche Persönlichkeit handelt. Aber was weiß man von der tiefgründigen Bedeutung dieser beiden Gegenstände? Und kennen die Monarchen selbst diese Bedeutung?

Man nimmt normalerweise an, dass das Zepter das Symbol für die Autorität und der Reichsapfel das Symbol für das Hoheitsgebiet ist, über das sich diese Autorität erstreckt. In Wirklichkeit geht dies noch viel weiter. Das Zepter und der Reichsapfel stellen die beiden Prinzipien, Männlich und Weiblich, dar. Das männliche Prinzip wird immer durch eine gerade Linie (ein Zepter, einen Äskulapstab, eine Lanze, ein Schwert, eine Säule, einen Baum) und durch die rechte Hand symbolisiert. Und das weibliche Prinzip wird durch eine gekrümmte Linie (alle hohlen oder runden Gegenstände: eine Kugel, ein Gefäß, einen Kelch oder einen Abgrund, eine Grotte) und durch die linke Hand symbolisiert. Das Zepter und den Reichsapfel in der Hand zu halten bedeutet, dass man die beiden Prinzipien versteht und dass man mit ihnen arbeiten kann.

Man findet die Entsprechung der königlichen Insignien des Reichsapfels und des Zepters in der magischen Arbeit. Der Magier zieht einen Kreis, um einen Raum abzugrenzen, und von dem Moment an ist dieser Raum heilig, keine Wesenheit, kein seiner Arbeit fremdes Element hat das Recht, dort einzudringen. Und danach gebraucht er im Inneren dieses Kreises seinen Stab, um den Geistern Anordnungen zu geben. Der Kreis stellt den materiellen Raum dar, in dem der Magier arbeitet, d. h. das weibliche Prinzip. Und der Stab steht für die Macht seines Geistes, die ihre Wirkung entfalten wird, d. h. für das männliche Prinzip.

Diese beiden symbolischen Gegenstände, das Zepter und der Reichsapfel zeugen von einer Vorstellung von der Königswürde, nach der die irdischen Könige die Repräsentanten des Königs des Himmels sind. Das bedeutet, dass der Mensch im Idealfall gleichzeitig Priester und König sein sollte. Ihm wurde Macht über die Erde gegeben, weil er vom göttlichen Vorbild inspiriert ist. Leider zeigt die Geschichte, dass sich die Dinge selten so abgespielt haben. Wenige Monarchen waren fähig, eine so hohe Vorstellung von Königswürde zu verkörpern. Und wie viele, denen man das Zepter und den Reichsapfel übergeben hatte, waren nur schwache, unwissende, lasterhafte, grausame Menschen. Aber die symbolische Bedeutung blieb.

Da die weltliche und die spirituelle Macht nicht einem einzigen Menschen anvertraut werden konnte (wo ein Priester zugleich die weltliche oder ein Monarch zugleich die spirituelle Macht ausübt), wurden diese getrennt. Es gab bestimmte Zeitabschnitte in der Geschichte, wo sich diese beiden Mächte ausglichen: Die Priester und die Monarchen, die sich ihrer Verantwortung bewusst waren, wirkten in ihrem jeweiligen Bereich für das Wohl des Volkes. Aber diese Zeitabschnitte waren selten und von kurzer Dauer. Auf beiden Seiten gab es Missbräuche: Die Priester wollten die Könige beherrschen, um sie für ihre Interessen einzusetzen und umgekehrt. In gewissen Fällen fand man es letztendlich besser, dass diese beiden Mächte getrennt, unabhängig voneinander sein sollten, jeder arbeitete auf seiner Seite. Ja, solange die Menschen mit ihrer Aufgabe überfordert sind, weil sie nicht uneigennützig arbeiten können, ist dies die beste Lösung. Aber im Idealfall ist es wünschenswert, dass diese beiden Mächte zusammenarbeiten.

Kehren wir nun zu den beiden Symbolen des Zepters (männliches Prinzip) und des Reichsapfels (weibliches Prinzip) zurück, und schauen wir, was uns der Sephirothbaum über dieses Thema lehren kann.

An der Spitze regiert Kether, die Krone. Dies ist der Kopf, der handelt, indem er seine beiden Arme gebraucht: die Sephiroth der beiden seitlichen Säulen der Strenge und der Milde, die die beiden Prinzipien, Männlich und Weiblich, darstellen. Der König, der Kopf, ist oben und in der Mitte, um zu überwachen und ein sicheres Gleichgewicht zwischen diesen beiden Armen zu halten, d. h. zwischen der Nachsicht und der Strenge, die insbesondere durch die Sephiroth *Chesed* und *Geburah* symbolisiert werden.

Wenn man die Evangelien im Lichte dieser Begriffe liest, so entdeckt man, dass diese beiden Strömungen durch den Apostel Petrus und den Apostel Johannes dargestellt werden, die sich in Jesus vereinigten. Der Apostel

Petrus war ein Mann der Strenge, des Kampfes, der auch nicht davor zurückschreckte, das Schwert zu ziehen. Dieser Wesenszug machte ihn geeignet dafür, in der Materie etwas zu verwirklichen und deshalb hat Jesus schließlich zu ihm gesagt: »Du bist Petrus, und auf diesen Felsen will ich meine Gemeinde bauen und die Pforten der Hölle sollen sie nicht überwältigen« (Mt 16,18). Der Apostel Johannes hingegen weihte sein ganzes Leben der Liebe und der Kontemplation. Der Apostel Johannes und der Apostel Petrus stellen die beiden Strömungen dar, die man ausgleichen und mit Urteilsvermögen anwenden sollte. Leider hat die Kirche im Laufe ihrer Geschichte vor allem die Sicht- und Vorgangsweise des Apostel Petrus übernommen.[1]

Also nicht nur die Könige, sondern alle Menschen sind von diesen Symbolen des Zepters und des Reichsapfels betroffen. Jeder sollte wissen, wann er Nachsicht und wann er Strenge äußern muss. Auf diesem Gleichgewicht basiert unsere Gesellschaft. Wenn man immer die Strenge (Geburah) zeigt oder immer die Nachsicht (Chesed), was passiert dann? Die Kraft und die Milde sind selbstverständlich im ständigen Gegensatz zueinander und man kann nicht von ihnen verlangen, dass sie etwas anderes sind als das, was sie sind. Sie sind alle beide als solche im Leben und in der Natur notwendig. Jener, der in der Mitte ist, muss es verstehen, beide zu nutzen und dies ist auch die Funktion des Kopfes: *Kether*. Im gleichen Moment, in dem ihr mit Strenge handeln müsst, erweckt gleichzeitig die Nachsicht in euren Herzen, sonst werdet ihr hart und ungerecht. Und umgekehrt, wenn ihr einer Person gegenüber nachsichtig handeln wollt, solltet ihr gleichzeitig eine gewisse Strenge bewahren, damit sie sich nicht einbildet, ihr seid schwach und sie kann sich alles erlauben. Ja, es gilt immer, ein Gleichgewicht zu finden und dies ist sehr schwierig.

Momentan seht ihr vielleicht nicht den Vorteil dessen, was ich euch sage. Aber wartet ab, bis ihr eines Tages eine Funktion innehabt, die Menschen unter eure Verantwortung stellt, dann werdet ihr sehen, ob ihr gezwungen sein werdet, Gebrauch davon zu machen. Als Eltern und Erzieher haben viele von euch diese Verantwortung, aber was machen sie? Sie beklagen sich, nur Schwierigkeiten anzutreffen, für die sie natürlich die Kinder und die Schüler beschuldigen. Beschuldigt niemanden anders als euch selbst, denn ihr seid nicht im Stande, die beiden Strömungen der Strenge und der Milde, des Verstandes und des Herzens, auszugleichen!

Alle Männer, alle Frauen besitzen diese beiden psychischen Prinzipien, die durch das Zepter und den Reichsapfel symbolisiert werden, aber das Bewusstsein fehlt, sie sind sich der Reichtümer, die sie besitzen, nicht bewusst und noch weniger Menschen können diese Reichtümer nutzen. Es ist sehr selten, dass man Menschen trifft, die im Stande sind, die Fähigkeiten des Verstandes und des Herzens harmonisch zu entfalten, Menschen, die scharfsinnig und streng sein können und gleichzeitig zur Nachsicht, zur Anpassungsfähigkeit und Offenheit den anderen gegenüber fähig sind. Dies ist deshalb so, weil sie noch nicht gelernt haben, abwechselnd Aktivitäten, die den Intellekt ernähren und dann wieder solche, die das Herz ernähren, zu entfalten. Dieses Gleichgewicht erfordert eine große Wachsamkeit. Wenn der Mensch nicht bewusst ist, wenn er kein Maß hat, ist das Risiko groß, dass er sich hinreißen lässt, auf der einen oder anderen Seite ein Übermaß zu erzeugen.

1. Siehe Band 206 der Reihe Izvor »Eine universelle Philosophie«, Kapitel 4: »Die Kirche des hl. Johannes und ihre Ankunft«.

Teil 2

Der Verstand und das Herz

So wie wir auf der physischen Ebene zwei Beine haben, die wir abwechselnd aufsetzen, um Schritt für Schritt weiterzukommen, so müssen wir auch auf der psychischen Ebene abwechselnd mit dem Verstand und mit dem Herzen arbeiten. Und dies ist noch schwieriger. Auf der psychischen Ebene sind die meisten Menschen einbeinig. Es stimmt, dass es weniger Einbeinige gibt, die auf dem rechten Fuß herumhüpfen (Verstand), denn auf dieser Seite muss man wenigstens ein bisschen studieren und nachdenken. Einbeinige hingegen, die auf dem linken Fuß herumhüpfen, gibt es viele, ja wirklich viele! Es ist so viel einfacher, sich in den Gefühlen und Emotionen gehen zu lassen.

Manche von euch sind erstaunt, dass ich sage, ich würde den Zirkus sehr lieben, denn sie finden, dass dies ein Schauspiel für Kinder sei. Ja, ein Schauspiel für die Kinder, weil sie den tiefen Sinn davon nicht verstehen. Aber wenn man darüber nachdenkt, stellen manche Zirkusnummern die Siege dar, die der Mensch in seinem Innenleben erringen sollte: Tiger, Löwen und Panther bändigen, Bären und Elefanten tanzen lassen, sich in die Leere stürzen, um sich wieder aufzufangen, Seiltanzen usw. Und nehmen wir gerade das Beispiel des Seiltänzers: Um das Gleichgewicht zu halten, breitet er beim Gehen die Hände aus oder er verwendet einen langen waagrechten Stab. Er muss ständig seine Position korrigieren: nach rechts, nach links, ein bisschen höher, ein bisschen tiefer. In derselben Situation befindet sich der Mensch, denn das Leben ist ein gespanntes Seil und wenn er nicht fallen möchte, muss er daran denken, hier ein bisschen dazuzugeben, dort ein bisschen wegzunehmen, um das Gleichgewicht zwischen den beiden Waagschalen Herz und Verstand aufrechtzuerhalten.

Das Gleichgewichtszentrum befindet sich in den Ohren, und symbolisch gesprochen ist die Weisheit mit den Ohren verbunden.[1] Weise ist eben derjenige, der das Gleichgewicht halten kann, der jedes Mal die Situation wieder ausgleichen kann. Und ihr seht, der Ausdruck »wieder ausgleichen« bedeutet eben, dass im Leben die Dinge immer die Tendenz haben, entweder in die eine oder in die andere Richtung zu gehen und dass man sie jedes Mal wieder ausrichten muss.

Wenn zwei Personen miteinander in Konflikt stehen, so haben sie instinktiv die Tendenz, sich an eine dritte Person oder an eine höhere Instanz zu wenden, die die Dinge zwischen ihnen in Ordnung bringt, was vom Prinzip her der Funktion eines Gerichtes entspricht. O ja, wenn sie wirklich vors Gericht gehen, dann heißt das, dass sie nicht fähig waren, selbst ihre Probleme richtig zu lösen. Man kann seine Probleme und vor allem seine inneren Probleme nur lösen, wenn man sich auf eine dritte, höhere Instanz konzentriert. Die höchste, mächtigste Instanz nennt man eben Gott und man sollte bis zu dieser Instanz gehen, um seine Probleme zu lösen. Dies ist die Bedeutung des Platzes von Kether oberhalb der beiden Säulen.

Das Herz und der Verstand besitzen jeweils fünfzig Prozent der Wahrheit und es ist notwendig, dass ein dritter Faktor eingreift, um zu sagen, wann das eine und wann das andere sich äußern soll. Wenn man es schafft, den Verstand mit dem Herzen zu verheiraten, wird dabei die volle Wahrheit herauskommen. Wer ist der Priester, der sie verheiraten wird? Der dritte Faktor, der seinen Sitz am höchsten Punkt der Säule des Gleichgewichts hat: Kether. Ja, Kether ist der Priester, der ausgleichende Faktor. Noch ein Thema, über das man nachdenken sollte: Warum ist es notwendig, dass eine dritte Person (der Priester, der Bürgermeister) bei der Hochzeit den Vorsitz hat? Diese Zeremonie der Hochzeit steckt voller Bedeutung und verdient es, dass man darüber meditiert.

In Wirklichkeit kann die Idee einer Kraft, die zwei andere Kräfte ausgleicht, in einem noch umfassenderen Sinne verstanden werden. Unser psychisches Leben beruht auf drei wesentlichen Elementen: dem Verstand, dem Herzen und dem Willen. Der Verstand denkt, das Herz empfindet Gefühle und der Wille drängt zur Tat. Um also immer eine richtige Einstellung zu besitzen, muss je nach den Umständen das Herz den Verstand und den Willen ausgleichen oder der Verstand den Willen und das Herz oder der Wille das Herz und den Verstand. Wenn ihr euch besorgt, ängstlich, desorientiert fühlt, so solltet ihr wissen, dass die Ursache in euch selbst liegt: Ihr habt nicht gewusst, welches Prinzip ihr ins Zentrum stellen sollt, um die beiden anderen auszugleichen. Der dritte Faktor darf niemals Partei für den einen oder den anderen ergreifen, sondern muss darauf achten, dass die beiden sich ausgleichen.

Die wesentliche Eigenschaft, um das Gleichgewicht aufrechtzuerhalten, ist die Wachsamkeit. Beobachtet die Akrobaten: Welche Wachsamkeit, welche Konzentration! Sind sie auch nur eine Sekunde lang unaufmerksam, so stürzen sie ab. Das Gleiche gilt für das Leben: Wie viele Fehler und Abstürze gibt es, weil man nicht bemerkt hat, dass die Waage gefährlich weit auf eine Seite kippt! Um nicht das Gleichgewicht zu verlieren, müsst ihr euch auf das hohe Ideal konzentrieren, das auch ein Aspekt dieser dritten Instanz ist und es innerlich ständig vor Augen haben.[2] Alles, was ihr dann unternehmt, ordnet sich diesem hohen Ideal unter, das euch kräftig unterstützt und das verhindert, dass ihr abstürzt. Die Unfälle des Lebens haben nicht mehr einen so großen Einfluss auf euch, weil ihr das Gleichgewicht bewahrt, weil ihr wisst, wie ihr reagieren sollt, weil ihr wisst, in welchem Moment und auf welche Art und Weise ihr die Eigenschaften des männlichen und des weiblichen Prinzips einsetzen sollt.

Anmerkungen

1. Siehe Band 1 der Reihe Gesamtwerke »Das geistige Erwachen«, Kapitel 4: »Die Ohren bergen die Weisheit«.
2. Siehe Band 307 der Reihe Broschüren »Das hohe Ideal«.

Teil 3

Die gerade und die gekrümmte Linie

Die gerade Linie ist die kürzeste Strecke zwischen zwei Punkten, das ist bekannt. Aber soll man immer die gerade Linie benutzen? Wenn man ein Ziel direkt erreichen will, stößt man meistens auf die gegensätzlichen Interessen seiner Angehörigen. Es ist also manchmal besser, eine gekrümmte Linie zu verfolgen, d. h. indirekte Wege zu benutzen und eine Route zu wählen, wo man auf keine Hindernisse stößt. Und da nicht jede Gelegenheit gleich günstig ist, sollte man auch den besten Moment abwarten, um loszugehen. Dies bedeutet, dass es besser ist, sich nicht gleich durchsetzen zu wollen, wenn man seine Pläne verwirklichen will, sondern Geduld und Anpassungsfähigkeit zu beweisen.

Normalerweise haben die Männer mehr die Tendenz, die gerade Linie zu verfolgen und die Frauen die gekrümmte Linie. Diese Tendenz findet sich in ihrem physischen Aufbau wieder: Man sieht normalerweise mehr gerade Linien beim Mann und mehr gekrümmte Linien bei der Frau. Aber die Frau ist widerstandsfähiger trotz ihrer Zartheit, denn sie kann sich besser anpassen als der Mann. Weil sie weiß, dass sie niemals die Oberhand durch die Kraft haben wird, und weil sie schon lange in einem gewissen Abhängigkeitsverhältnis dem Manne gegenüber steht, hat sie den Scharfblick, die Geschmeidigkeit bzw. Anpassungsfähigkeit entwickelt, und außerdem ist sie in manchen Bereichen intelligenter. Der Mann hat die Tendenz, immer gerade und direkt zu gehen und trifft natürlich unweigerlich auf Hindernisse, aber weil er siegen möchte, gibt er nicht nach, und es kommt zur Auseinandersetzung. Es ist wahr, dass er schließlich wegen all dieser Kämpfe ein außergewöhnlicher Mensch werden kann, dem man große Verantwortung anvertraut, denn er lässt sich durch Kritik, Gegensätze und Hindernisse, die seinen Weg säumen, nicht beirren.

Um ein außergewöhnlicher Mensch zu werden, sollte man auf der geraden Linie gehen können. Dies soll aber nicht heißen, dass die gerade Linie immer besser als die gekrümmte Linie ist. Alles hängt vom Thema und von den Umständen ab. Das Licht bewegt sich gleichzeitig als gerade Linie und als Sinuskurve fort. Es lehrt uns dadurch, dass man mittels der beiden Prinzipien vorankommen können sollte, die, symbolisch gesprochen, die Gerade und die Schlangenlinie sind. In der Natur wurde alles gemäß diesen beiden Linien aufgebaut, und man findet sie sogar in unserem Gesicht wieder: Die Nase ist, schematisch gesprochen, eine senkrechte Gerade und der Mund ein waagrechter Bogen.

Aber, ob es sich nun um einen Mann oder um eine Frau handelt, die natürliche Tendenz der Menschen ist es, sich durchsetzen zu wollen, d. h. zu verlangen, zu fordern und zu zwingen, und das Außergewöhnliche dabei ist, dass ihnen dies so einfach erscheint. Sobald sie einen Befehl geben, denken sie nicht daran, dass sie auf Gegensätzlichkeiten stoßen werden, was jedoch meistens der Fall ist, und dann beginnt bald ein Kampf, aus dem sie erschöpft herauskommen. Wer also diese Tendenz besitzt, ständig zu befehlen, sollte sich nun analysieren, und er wird verstehen, woher seine Müdigkeit kommt. Natürlich behaupten viele, sie hätten einen Beruf, bei dem sie schwere Verantwortung auf sich zu nehmen hätten und dass ihre Arbeit sie müde mache, weil die anderen ihnen ständig Schwierigkeiten bereiten würden. Nein, die Müdigkeit kommt nicht von ihrer Arbeit, sie kommt von der Tatsache, dass man zu oft das Arbeiten mit dem Befehlen bzw. dem Sich-Durchsetzen verwechselt.

Wie viele Menschen sind sich nicht einmal bewusst, dass sie in allem, was sie tun, eine dominante Einstellung besitzen! Ob es sich nun um ihren Beruf oder um ihr Privatleben handelt, sie möchten immer ihren Standpunkt durchsetzen. Nun gut, nur ist es eben diese Einstellung, die sie auszehrt und müde macht. Ihr werdet sagen: »Aber immer jemanden an seiner Seite zu haben, der einem auf die Finger schaut und sagt: ›Du musst dies machen; du darfst jenes nicht machen‹, das ist genauso ermüdend, man wird erdrückt!« Ja, weil man die Methode nicht kennt, um aktive, ausstrahlende Strömungen umzuwandeln. Wenn man sie kennen würde, so würde man sich sogar stärker fühlen. Versucht es und ihr werdet sehen: Ertragen lernen ist eine Kunst und während der, welcher sich durchsetzen will, erschöpft ist, empfängt der andere diese Energien, wandelt sie um und wird dadurch stärker. Warum glaubt ihr, dass die Männer weniger lang leben als die Frauen? Weil sie öfter als die Frauen ihren Willen und ihr Bedürfnis, sich durchzusetzen ausgelebt haben. Die

Frauen hingegen sind es mehr gewöhnt zu ertragen. Und oft werden sie dadurch, dass sie eine passivere Einstellung besitzen, stärker.

Die gerade Linie lehrt uns, dass man willensstark sein sollte, aber der Wille muss von der Intelligenz beherrscht sein und vom Elan des Herzens inspiriert werden. Wer ausschließlich vom Willen beseelt ist, wird immer nur gegen die anderen und gegen sich selbst kämpfen und Schäden verursachen. Der Wille ist jedoch der Motor der Handlung, und keinen Willen zu haben ist das Allerschlimmste. Man sollte Willenskraft besitzen, d. h. der geraden Linie folgen, aber auch mit der Wellenlinie arbeiten, d. h. mit dem Unterscheidungsvermögen des Verstandes und mit der Güte des Herzens vorwärts schreiten.[1]

Anmerkungen

1. Siehe Band 243 der Reihe Izvor »Das Lächeln des Weisen«, Kapitel 11: »Der Größte unter euch soll euer Diener sein«.

Kapitel 12

Das Gesetz des Austauschs

Das ganze Leben in der Gesellschaft beruht auf dem Gleichgewicht der Waagschalen, d. h. auf gerechtem Austausch. Und gerechter Austausch lässt sich in zwei Worten zusammenfassen: Nehmen und Geben. Die Tätigkeit, die am besten diese Idee veranschaulicht, ist der Handel. Ihr geht in ein Lebensmittelgeschäft und verlangt ein Kilo Kirschen... Der Verkäufer wiegt sie, um euch genau das zu geben, was ihr verlangt. In eine Waagschale legt er die Kirschen und in die andere die Gewichte. Natürlich hat man heutzutage modernere Waagen, aber es ist immer das gleiche Prinzip. Dann reicht er euch die Kirschen und ihr müsst als Gegenleistung bezahlen. Wenn ihr bezahlt, ist alles in Ordnung, ihr seid quitt; wenn ihr nicht bezahlt, beginnen eine Reihe von Schwierigkeiten und Feindschaften.

Wie kommt es, dass die Menschen die Bedeutung dieser Frage des Gleichgewichts in ihrem täglichen Austausch so gut verstehen? Seit Jahrtausenden haben sie versucht, die Instrumente des Messens und des Wiegens so genau wie möglich zu machen, um diesen Austausch zu vereinfachen, und aus diesem Grund haben sie auch das Geld erfunden. Auf der materiellen Ebene ist die Frage für jeden klar, jeder weiß, was gerechter Austausch ist. Aber dies reicht nicht aus, denn das Gesetz des Austauschs berührt alle Bereiche des Lebens. Jemand sagt: »Ich bin gerecht, ich bin ehrlich, ich zahle meine Steuern, ich betrüge meine Kunden nicht.« Einverstanden, aber wie verhältst du dich deinen Eltern, deiner Frau, deinen Kindern gegenüber?

Es ist so viel einfacher, ehrlich und gerecht auf der materiellen Ebene zu sein als auf der psychischen Ebene! Man sieht sogar Menschen, die alle möglichen äußeren Zeichen ihrer Ehrlichkeit und Gerechtigkeit zur Schau tragen, um besser ihre Unehrlichkeit in ihren zwischenmenschlichen Beziehungen zu verstecken, die viel undefinierbarer und subtiler sind als das Verhältnis zu Geld und materiellen Interessen! Sie können so die anderen täuschen... aber auch nicht für immer, denn sie können die göttliche Gerechtigkeit nicht täuschen, die andere Auffassungen über die wahre Bedeutung des Nehmens und des Gebens hat als die menschliche Gerechtigkeit.

Die göttliche Gerechtigkeit beurteilt nicht nur eure Handlungen, sondern auch eure Gefühle und Absichten. Ihr habt z. B. bewusst jemandem schlechte Ratschläge gegeben, ihr habt ihn dazu gebracht, sich aufzulehnen oder ihr habt ihn zur Verzweiflung gebracht. Materiell und objektiv kann euch niemand etwas vorwerfen. Wenn dieser Mensch zum Richter geht und sagt: »Seht in welchen Zustand mich dieser Mensch gebracht hat«, so wird der Richter antworten, dass dieser Fall nicht im Gesetzbuch enthalten ist und er also auch nichts für ihn tun kann. Wie viele Menschen sind so schlau und unantastbar im Bereich der Handlungen, dass sie nicht eingesperrt werden können, weil sie wissen, dass es kein Gericht gibt, das die schlechten Gedanken, die schlechten Gefühle, die schlechten Absichten und die verdeckten Lügen bestraft.

Ja, es gibt Menschen, die sind wahre Meister in den Anspielungen, d. h. in der Fähigkeit, jemandem Zweifel einzuflüstern. Ein Mann möchte z. B. einem Arbeitskollegen schaden: Er weiß, dass er auf seine Frau eifersüchtig ist, und eines Morgens sagt er zu ihm, als ob nichts wäre: »Gestern bin ich auf der X-Straße spazieren gegangen und da ist mir vorgekommen, als hätte ich deine Frau gesehen«, denn er weiß, dass die Erwähnung dieser Straße die schlimmsten Vermutungen bei seinem Arbeitskollegen aufkommen lässt. Wenn dieser dann am Abend heimkommt, liefert er seiner Frau eine Szene ab, sie verteidigt und rechtfertigt sich, und schließlich wird die Wahrheit wieder hergestellt. Aber auch wenn der andere dann scheinheilig sagt: »Oh, Entschuldigung, mein Alter, ich habe mich getäuscht, ich muss sie mit jemandem verwechselt haben, der ihr sehr ähnlich sieht«, so ist das Übel bereits vollbracht. Er hat es erreicht, Zweifel einzuflüstern. Welches Gericht kann ein solches Verhalten verurteilen? Es gibt tausende Arten wie man Böses tun kann, ohne strafbar zu sein nach der menschlichen Gerechtigkeit. Aber man kann der göttlichen Gerechtigkeit nicht entgehen.[1]

Und im Austausch mit den Menschen könnt ihr euch scheinbar ehrlich verhalten, kein Gerichtsvollzieher kommt vor eure Türe, aber etwas in euch wird euch quälen und immer wiederholen: »Du bist nicht gerecht, du hast genommen und nicht gegeben.« Aber auch wenn ihr euch dessen nicht bewusst seid, so ist dies die Wirklichkeit: Etwas in euch quält euch und ihr seid nicht glücklich.

Wie viele Menschen trifft man im Leben, die das Opfer dieser Art von Unbehagen sind. Kein besonderes Unglück trifft sie, aber sie hören nicht auf, eine

Unzufriedenheit, eine sorgenvolle Stimmung an den Tag zu legen, von der sie nicht einmal selbst die Ursache kennen, und natürlich sind für sie die anderen schuld. Sie halten in sich einen bedauernswerten Zustand aufrecht, sie finden ständig etwas in ihrer Umwelt zu kritisieren, was sich auf sie selbst bezieht: Warum hat man sie nicht besucht? Warum hat man sie nicht eingeladen? Warum hat man ihnen nicht geschrieben? Warum hat man sie nicht für ihr neues Auto, ihr neues Kleid, ihre neue Frisur beglückwünscht? Natürlich liebt man sie nicht oder man ist neidisch. Ihre Klagemotive sind unzählig. Niemals wollen diese Menschen zugeben, dass die Ursache ihres Unbehagens in ihnen liegt.

Die wahre Tragödie der Menschen ist, dass sie sich von den Menschen etwas anderes erwarten, als sie ihnen selbst geben können. Und was ihnen Wertvolles gegeben wird, vernachlässigen sie, weil es nicht das ist, was sie sich erwartet haben. Sie erhofften sich immer etwas anderes und weil dies nicht kommt, sind sie nicht nur undankbar für das, was sie empfangen haben, sondern sie werden rachsüchtig. Schaut: Sind die menschlichen Geschöpfe ihrem Schöpfer gegenüber dankbar? Nein, sondern sie machen ihm sogar alle möglichen Vorwürfe. Sind die Kinder ihren Eltern gegenüber wirklich dankbar? Ihr hört oft, wie sie sich lustig über sie machen und sie kritisieren. Und sprechen wir nicht von dem Groll, den die Schüler ihrem Meister gegenüber in sich hegen! Warum befreit er sie nicht von all ihren physischen und psychischen Beschwerden? Warum gibt er ihnen nicht die Mittel, eine Frau (oder einen Mann) und den Wohlstand zu finden? Warum offenbart er ihnen nicht alle Geheimnisse der Einweihungswissenschaft? Auch wenn der Meister ihnen alle Methoden gibt, um an sich zu arbeiten, um sich zu vervollkommnen und ein wahrer Sohn Gottes, lichtvoll und strahlend zu werden; nein, nein, das ist es nicht, was sie wollen und der Meister ist natürlich schuld, weil er ihre Wünsche nicht befriedigt. Denn ein Meister ist doch da – das müsst ihr verstehen –, um alle Begierden seiner Schüler zu befriedigen. Wenn ihr das noch nicht wisst, dann erfahrt ihr es jetzt.

Oh mein Gott, was macht man mit solchen Menschen? Man darf sich gar nicht wundern, dass sie ständig unglücklich sind. Wenn sie doch endlich lernen würden, etwas im Austausch zu geben für all das, was sie vom Herrn, von ihren Eltern und von ihrem Meister (falls sie einen haben) bekommen. Wenn sie doch wenigstens Gefühle der Dankbarkeit hätten, dann wäre die Waage wieder im Gleichgewicht: Sie würden den Frieden und die Freude wieder finden. Da der ausgleichende Austausch ein Naturgesetz ist, müsst ihr verstehen, dass die Undankbarkeit dieses Gleichgewicht unterbricht und dass ihr eines Tages nichts mehr empfangt.[2]

Ihr geht in ein Konzert eines Virtuosen, sagen wir eines Pianisten. Er gibt dem Publikum seine Inspiration, die Frucht einer ganz langen Arbeit, aber wenn dieses Publikum keinerlei Dankbarkeit für diese Arbeit hat, wenn es Lärm macht oder auch nur, wenn es unaufmerksam ist, so fühlt dies der Pianist und selbst wenn er der größte Virtuose der Welt ist, gibt er nicht das, was er eigentlich geben könnte, denn der Austausch findet nicht richtig statt. Und es kann auch sein, dass dieser Pianist in den Saal schaut und einen einzigen bezauberten, hocherfreuten Blick entdeckt. So wird er spielen für diesen einen Blick, von dem er vielleicht nicht einmal gesehen hat, ob es ein Mann oder eine Frau ist, für dieses Licht, das dort drüben strahlt in der Dunkelheit des Saales und er wird genial! Der Mensch braucht ein Echo für seine Handlungen, für seine Worte, ganz egal auf welche Art und Weise dieses auch kommt. Wenn es keine Wechselbeziehung gibt, ist kein Austausch möglich. Aber der Austausch ist das Gesetz des Lebens.

Ihr enthaltet euch vieles vor, wenn ihr den Wert dessen, was man euch gibt, nicht erkennt. Sogar der geduldigste, großmütigste Mensch wird schließlich entmutigt. Wozu sollte es gut sein, euch ständig Gutes tun zu wollen, wenn ihr es nicht seht? Er fühlt, dass er mit euch seine Zeit verliert, das ist alles, und er wird sich anderen zuwenden, die fähiger sind, das zu schätzen, was er geben will. Sogar ein spiritueller Meister ist gezwungen, dieser Realität Rechnung zu tragen. Er gibt seine Reichtümer und Erkenntnisse jenen weiter, bei denen er ein Echo fühlt. Sonst schweigt er, vertraut seine Schätze keinem lecken Schiff an. Ihr werdet sagen: »Aber wir haben nicht gewusst, dass die Dinge so stehen und dass man so aufmerksam sein soll!« Nun gut, dann solltet ihr es eben lernen. Man wendet oft die Redewendung »mit jemandem Umgang haben« im Sinne von »Austausch pflegen« an. Denkt von nun an über alle Anwendungsmöglichkeiten dieser Redewendung nach.

Wenn ihr auf der physischen Ebene etwas hergebt, dann besitzt ihr es natürlich nicht mehr. Und wenn ihr als Ausgleich für ein Kilo Kirschen, das ihr beim Kaufmann kauft, Geld gebt, so habt ihr ein paar Cents weniger in eurer Geldbörse. Aber wenn ihr dankbar seid, so empfangt ihr sogar, wenn man euch nichts gibt. Ja, das ist außergewöhnlich! Denn die Dankbarkeit öffnet euer Herz und eure Seele und indem ihr euch öffnet, empfangt ihr alles, was schön und gut ist in der Natur und im Leben. Selbst wenn diese Geschenke gar nicht speziell für euch bestimmt sind, empfangt ihr sie, während derjenige, der sie empfangen müsste, wenn er undankbar ist, nichts empfängt.

In einer Einweihungsschule lehrt man euch, dass das Gesetz des Austauschs ein unumgehbares Gesetz ist: Wenn ihr nehmt, müsst ihr geben. Und selbst wenn ihr nicht nehmt, solltet ihr auch geben! Warum? Weil ihr auf diese Weise eine Bewegung auslöst und ihr etwas dafür bekommen werdet. Aber beginnt wenigstens damit, dass ihr lernt zu geben, wenn ihr genommen habt, dies wäre bereits ein Fortschritt.

Schaut euch noch einmal euer ganzes Zusammenleben mit den Geschöpfen an, die euch umgeben. Überprüft dabei sehr aufrichtig, wie ihr euch euren Eltern, euren Kindern, euren Freunden, der Gesellschaft, aber auch der Natur und schließlich Gott gegenüber verhaltet. Ihr werdet sehen, dass ihr eine Menge von den sichtbaren und unsichtbaren Geschöpfen genommen habt, ohne euch darum zu kümmern, irgendetwas zurückzugeben. Ihr habt also Schulden. Nun solltet ihr aber wissen, dass ihr euch reinkarniert habt, um all diese Schulden zu bezahlen. Wir haben alle ohne Ausnahme ein Karma zu begleichen. Ob es sich nur um ein individuelles oder kollektives Karma handelt, spielt dabei keine Rolle. Es gibt persönliche Karmas sowie auch soziale, nationale, rassenspezifische Karmas, aber es ist nicht so wichtig, sich darüber den Kopf zu zerbrechen, man muss seine Schulden bezahlen, das ist alles, denn das ist Gerechtigkeit. Sonst häuft man sich einen karmischen Schuldenberg an.

Das Karma hat als Ursache ein Ungleichgewicht der beiden Waagschalen. Sobald die Menschen die Philosophie der Waage verstehen werden, werden sie es schaffen, die Dinge so gut auszugleichen, dass sie weder verfolgt noch bestraft werden. Hört auf mich und bemüht euch, um mich zu verstehen. Wenn ihr das Wort »Gerechtigkeit« hört, so sollte euer ganzes Wesen erbeben von dem Gedanken, dass dieses Wort alle Geheimnisse des kosmischen Gleichgewichtes in sich birgt.

Anmerkungen

1. Siehe Band 202 der Reihe Izvor »Der Mensch erobert sein Schicksal«, Kapitel 4: »Menschliche und göttliche Gerechtigkeit«.
2. Siehe Band 243 der Reihe Izvor »Das Lächeln des Weisen«, Kapitel 12: »Dank: Quelle von Licht und Freude«.

Kapitel 13

Der Schlüssel und das Schloss

Habt ihr noch nie darüber nachgedacht, was ein Schlüssel ist? Automatisch und zerstreut steckt man die Schlüssel in die Schlösser, ohne sich zu fragen, was ein Schlüssel ist, und schon gar nicht denkt man daran, die Symbole des Schlüssels und des Schlosses zu interpretieren. Und dennoch liegt darin eine großartige Wissenschaft verborgen! Wie will man die Probleme des Lebens lösen, wenn man nicht einmal darüber nachgedacht hat, was ein Schlüssel und was ein Schloss ist?

Man kann schematisch sagen, dass ein Schlüssel aus drei Elementen zusammengesetzt ist. Er besitzt einen Teil, der zahnartige Zacken hat und den Riegel innerhalb des Schlosses zur Seite schiebt, einen Stiel und schließlich eine Halterung in Form einer geometrischen Figur, die meistens kreisförmig ist, die aber auch dreieckig oder kreuzförmig sein kann. Und die Funktion eines Schlüssels ist es, wie ja alle wissen, in ein Schloss gesteckt zu werden, um eine Türe zu öffnen oder zu schließen.

Kehren wir nun zur zweiten Tarotkarte zurück. Die Hohepriesterin sitzt vor einem Schleier, der zwischen zwei Säulen gespannt ist und hält in ihrer rechten Hand ein halb geöffnetes Buch, das auf ihrem rechten Knie liegt, und in der linken Hand zwei Schlüssel:

Der eine ist aus Gold und hat ein dreieckiges Ende, und der andere ist aus Silber und hat ein kreuzförmiges Ende. Das goldene Dreieck entspricht dem männlichen Prinzip: dem Geist, das silberne Kreuz dem weiblichen Prinzip: der Materie. Dies bedeutet, dass das Wissen über diese beiden Prinzipien ein Schlüssel ist, der es erlaubt, das große Buch der Natur zu öffnen. Ihr werdet sagen: »Aber es gibt zwei Schlüssel!« Ja, aber diese beiden Schlüssel sind auf eine gewisse Art und Weise nur ein Schlüssel: die Kenntnis der beiden Prinzipien.

Erinnert ihr euch, was ich euch über die Zahl 2 gesagt habe? Für die Einweihungswissenschaft ist die 2 nicht 1 + 1, sondern die 1, die sich im Männlichen und Weiblichen polarisiert hat. Man sollte also immer im Bewusstsein haben, dass die 1 die 2 potenziell enthält und dass die 2 die Polarisation der 1 ist. Wenn der Eingeweihte diese beiden Schlüssel in das Schloss steckt (man kann die Natur als ein unermesslich großes Schloss auffassen), so öffnet sich die Tür, d. h. so hebt sich der Schleier des Tempels, der zwischen den beiden Säulen aufgehängt ist.

Die Symbole des Schlüssels und des Schlosses finden sich in allen Bereichen des Lebens wieder. Überall gibt es Schlüssel und Schlösser, um Türen zu öffnen, denn überall gibt es eine Materie, die der Geist durchdringen muss, um die Reichtümer darin zu offenbaren.

Die Kabbalisten lehren, dass derjenige, der die 32 Wege der Weisheit gegangen ist, die 50 Türen von Binah öffnen kann. Binah ist die Göttliche Mutter, die eigentliche, reinste, subtilste Materie. Und der Himmlische Vater ist der Schlüssel, der das Schlüsselloch der Materie öffnet. Für den, der sie öffnen kann, ist diese Materie unerschöpflich. Dies ist gewissermaßen das, was die Atomwissenschaftler betreiben. Sie haben es geschafft, eine Türe in die Materie zu öffnen und diese fantastische Kraft, die sie so befreit haben, kann alles verbrennen. Sie haben einen Schlüssel gefunden, der es ihnen erlaubt, die Atomspaltung zu verwirklichen, aber sie können dieses Wissen noch nicht richtig zum Wohle der Menschheit einsetzen. Durch den Geist, den einzig wahren Schlüssel, wird es ihnen gelingen, die Schlösser der Materie zu öffnen und ihre versteckten Kräfte zu befreien. Aber momentan sind sie weit davon entfernt, die Geheimnisse dieser Urmaterie zu erkennen, weil sie keine gute Einstellung dem weiblichen Prinzip gegenüber haben und deshalb verweigert ihnen die Göttliche Mutter ihre Schätze.

Alle Schätze sind in der Materie enthalten, aber nicht in dieser Materie, die wir kennen und die nur eine Illusion, eine scheinbare Materie ist. Die wahre Materie kennen weder die Chemiker noch die Physiker. Wenn sie die Materie zerlegen, stellen sie fest, dass sie Energie befreien. In Wirklichkeit würden sie entdecken, wenn sie vollkommenere Geräte hätten, dass diese Materie einer anderen, feineren, subtileren Materie gewichen ist, die einer anderen Region angehört. Aber die ursprünglichste Materie werden die Menschen nie zerstören können, nur Gott selbst ist dazu fähig. Wenn Er die Materie zerstören wird, wird sie in seinen Schoß zurückkehren, nichts wird mehr existieren, dies wird die absolute Stille sein, die kosmische Nacht. Bis dahin gleicht das Verschwinden der Materie dem Verschwinden der Wolken. Ihr habt es beobachtet: An einem gänzlich reinen, blauen Himmel beginnen sich einige Wolken zu formen. Woher sind sie gekommen? Und ein paar Augenblicke später haben sie sich im Raum aufgelöst, nichts bleibt mehr davon übrig. Sie sind also da, und sie sind nicht da. In Wirklichkeit verändert sich die Dichte der Materie. Die Materie verschwindet nicht, denn sie ist der ergänzende Pol des Geistes. Sogar die Atomspaltung lässt die Materie nicht verschwinden.

Diese Materie sollte außergewöhnlich lebendig, rein und lichtvoll sein, damit Gott selbst von ihr angezogen wird und sich ihrer bedient, um zu erschaffen. Die wahre Materie ist die Gemahlin Gottes, die die Kabbalisten *Schekinah*[1] nennen. Und die Menschen wiederholen in ihrem Leben diese kosmischen Phänomene, aber sie sind sich dessen nicht bewusst. Sie haben gar kein Bewusstsein davon, dass sie in den einfachsten Handlungen ihres Lebens die Mysterien der Schöpfung wiederholen. Der Mann braucht die Frau, um den Energien, die von ihm ausströmen, einen Körper zu geben und das Kind zur Welt zu bringen, so wie der Künstler die Materialien braucht, um seinen Ideen einen Körper zu geben. Dies ist auch das Mysterium des Schlüssels und des Schlosses.

Hinter den Symbolen des Schlüssels und Schlosses liegt alle Macht, aller Reichtum verborgen. Aber die Leute benutzen ihre Schlüssel ganz automatisch, wenn sie das Schloss suchen. Und was öffnet man dann? Türen, durch die die Teufel beginnen ein und aus zu gehen, um sie anzugreifen und anzuknabbern. Sie wissen nicht, welche Türen sie öffnen sollen und wie. Statt den Schlüssel nach rechts zu drehen, drehen sie ihn links herum. Und wenn sie eine Türe schließen wollen, die sie unglücklicherweise geöffnet haben, wissen sie nicht, in welche Richtung sie den Schlüssel drehen sollen und lassen so alles Böse heraus: Das ist die Geschichte der Büchse der Pandora!

Wenn die Menschen wirklich studieren wollten, was der Schlüssel und das Schloss sind, so hätten sie Schlüssel, um Schlösser zu öffnen, an die sie noch niemals gedacht haben. Ja, die Ohren, der Mund, die Nasenlöcher, die Augen sind auch Schlösser und auch das Gehirn selbst ist ein Schloss. Solange die Menschen dies nicht verstehen, werden ihnen die Schlüssel fehlen, um die Türen der Natur, aber auch die Türen zu sich selbst zu öffnen. Wie viele Menschen sind noch in ihrem eigenen inneren Kerker eingesperrt! Sie sind elende Gefangene mit einem Stück Brot und einem Krug Wasser. Könnten sie die Schlüssel finden, würden sie in Freiheit und in der Fülle leben. Jeder erklärt sein Unglück auf seine Art und Weise, ich aber sage euch: Euer Unglück kommt daher, dass ihr nichts über Schlüssel und Schlösser wisst!

Zusammenfassend kann man sagen, dass der Schlüssel in den drei Welten des Geistes, der Seele und des Körpers existiert... Es gibt also drei Schlüssel, die diesen einzigen Schlüssel widerspiegeln, den man nur oben finden kann. Diesem Schlüssel, der alle Türen öffnet, gibt Hermes Trismegistos den Namen Telesma. Dies ist die stärkste aller Kräfte, die alle subtilen Dinge besiegen und alle festen Dinge durchdringen wird. Diese Telesmakraft kommt von der Sonne, und dort müsst ihr sie suchen. Wenn ihr die Sonne betrachtet, bittet sie, dass sie euch diesen Schlüssel offenbart, der euch das ewige Leben schenken wird.

Anmerkung

1. Siehe Band 236 der Reihe Izvor »Weisheit aus der Kabbala«, Kapitel 10: »Die kosmische Familie und das Mysterium der Heiligen Dreifaltigkeit«.

Kapitel 14

Die Arbeit des Geistes an der Materie – Der Gralskelch

Die beiden Prinzipien Männlich und Weiblich, die auch Prinzipien des Geistes und der Materie sind, haben ihren Ursprung oben in den himmlischen Regionen. Aber diese beiden Prinzipien manifestieren sich und wirken auf allen Ebenen bis zur physischen Ebene, denn in allen Bereichen manifestiert sich die Polarität. Wenn ihr arbeitet, seid ihr der Geist, der auf die Materie wirkt, und dies trifft nicht nur dann zu, wenn ihr einen Gegenstand bearbeiten oder eine Mahlzeit kochen wollt; die geistige Aktivität ist auch eine Arbeit des Geistes an der Materie. »Aber welche Materie?«, werdet ihr fragen. Habt Geduld, ihr werdet es bald verstehen.

Sobald ihr euch dessen bewusst seid, dass es notwendig ist, in sich selbst gewisse Dinge zu verbessern, und sobald ihr euch dazu entschließt, diese Arbeit auch auszuführen, polarisiert ihr euch: Es gibt dann euch und die Materie, an der ihr arbeitet. Die geistige Arbeit erfordert zuallererst, dass man sich selbst kennt, d. h. dass man das Ich vom Nicht-Ich unterscheiden lernt. Wir müssen uns also entfernen von dem, was wir normalerweise unser Ich nennen – das aber in Wirklichkeit nicht wir sind –, um uns dem anzunähern, was wir wirklich sind: unserem göttlichen Ich.[1] Wenn wir eine

Arbeit ausführen wollen, so heißt das, dass wir uns schon dessen bewusst sind, dass dieses Objekt, an dem wir arbeiten wollen, nicht wirklich wir sind, und indem wir uns von ihm entfernen, polarisieren wir uns.

Die Polarisierung beginnt in dem Moment, wo wir uns entschlossen haben, die Arbeit auszuführen. Sie geschieht unbewusst, aber in dem Maße wie wir uns von uns selbst trennen, wird sie immer bewusster. Wir sehen immer mehr den Unterschied zwischen dem Teil, der die Arbeit ausführt, dem Geist, und demjenigen, der den Gegenstand, das heißt die Materie dieser Arbeit darstellt. Wir gelangen schließlich dahin, dass wir uns klar darüber sind, dass die Gedanken, die Gefühle, dank denen wir diese Arbeit verrichten, nur Instrumente sind, die wir zur Verfügung haben. Wir verstehen, dass unser wahres Ich jenseits der Gedanken, der Gefühle und der Handlungen ist: Es denkt nicht, es fühlt nicht, es handelt nicht, es steht darüber, es ist reines Licht.

Aber sich von sich selbst zu entfernen bedeutet nicht, dass man sich endgültig trennen sollte. Dieses Ich, von dem wir Abstand nehmen, verlassen wir nicht, im Gegenteil, wir behalten es genau im Auge, und nachdem wir uns durch das Denken bis zum Himmel aufgeschwungen haben, steigen wir wieder herab, um seine Materie besser zu ordnen und zu verfeinern. Dann steigen wir wieder auf und danach nähern wir uns wieder. Wir steigen zum Himmel auf und steigen dann gestärkt, erhellt und erleuchtet wieder herab, um wiederum von diesen Wohnungen Besitz zu ergreifen, die der Mental-, der Astral- und der physische Leib sind. Bis heute sind wir nicht wirklich in unseren Körper eingezogen, wie gewisse Materialisten glauben; im Gegenteil, wir schleppen ihn mit, wir sind verschüttet, zerquetscht, manchmal sogar erstickt, aber wir sind noch nicht richtig eingezogen.

Der Geist kann nur in eine Wohnung einziehen, die würdig für ihn ist. Der Geist (oder vielmehr das, was man für den Geist hält!) wartet noch, und es geht ihm dabei mit dem Körper genauso, wie einem Mann und einer Frau, die Arm in Arm herumtorkeln. Was für ein Schauspiel! Aber das ist genau die Situation des Menschen, der noch nicht verstanden hat, dass er an sich selbst arbeiten sollte. Und worin besteht diese Arbeit? Sie besteht darin, das göttliche Prinzip in sich zu befreien, damit es sich so hoch als möglich erheben und bei seiner Rückkehr seinen Wohnsitz reinigen und erleuchten kann.

Stellt euch vor, man gibt euch ein Stück Land, das noch nie kultiviert wurde: Es ist überwuchert von Unkraut. Ihr könnt es so lassen wie es ist, brach und wild. Aber ihr könnt es auch roden, es umgraben, es bepflanzen und begießen und nach einiger Zeit ist es wunderschön geworden. Es wachsen dort Getreide, Obstbäume, Gemüse und Blumen. Indem ihr euch ihm genähert habt, habt ihr es »vergeistigt«. Aber zuerst musstet ihr euch entfernen, um Werkzeuge zu holen, mit deren Hilfe ihr dieses Stück Erde bearbeiten konntet.

Hier habt ihr ein weiteres Beispiel: Es kommt vor, dass ein Familienvater in seinem Land keine Arbeit findet, die es ihm ermöglicht, seine Familie zu ernähren. Also geht er ins Ausland. Dort arbeitet er einige Zeit und wenn er zurückkehrt, nachdem er viel Geld verdient hat, ist er glücklich, die Zukunft seiner Frau und seiner Kinder gesichert zu haben. Aber vorher muss er sie eine Zeit lang verlassen, um sich danach besser um ihre Bedürfnisse kümmern zu können. Das Gleiche spielt sich ab, wenn der Schüler meditiert und betet, mit dem Unterschied, dass er nicht monate- und jahrelang weg ist, sondern der Geist entfernt sich nur ein paar Augenblicke vom physischen Körper. Wenn er zu sehr an den Körper gebunden ist, kann er nichts Großartiges für ihn leisten, also geht er »ins Ausland«, um Geld zu verdienen – oder sagen wir lieber, um Licht zu sammeln. Bei seiner Rückkehr verteilt er dieses Licht an den Körper und seine Bewohner: Er erhellt, belebt, reinigt und regeneriert ihn. Wenn ihr euch manchmal ein bisschen leer und verloren fühlt, so bedeutet dies, dass euer Geist nicht da ist, dass er auf Reisen ist. Beunruhigt euch nicht, er wird wiederkommen, und dann werdet ihr euch wieder aktiv und schöpferisch fühlen.

Alle, die nicht ins Ausland gehen wollen, müssen ihren Körper weiterhin mühsam mit sich herumschleppen. Und wenn ich sage »den Körper«, so meine ich vor allem das Gehirn, das niemals bereit sein wird, die großen Mysterien der Natur zu verstehen und auch nicht die Probleme des Lebens richtig zu lösen. Dieses Sich-Entfernen, und dieses Sich-wieder-Annähern ist also unbedingt notwendig. Diese Doppelbewegung wird durch die beiden Dreiecke des Salomonsiegels symbolisiert: Der Geist (das Dreieck, dessen Spitze nach unten gerichtet ist), steigt ab, um sich in der Materie zu inkarnieren, und die Materie (das Dreieck, dessen Spitze nach oben gerichtet ist) muss feiner werden, sich reinigen, damit sie sich nicht mehr den Schwingungen des Geistes widersetzt, der an ihr arbeitet, um sie zu ihrer ursprünglichen Reinheit, ihrem ursprünglichen Licht zurückzuführen. Die Alchimisten haben diese beiden Prozesse »solve« und »coagula« genannt, d. h. auflösen und verdichten.

Damit der Geist zu uns herabsteigt, müssen wir uns dem Himmel weihen, indem wir sagen: »Oh Engel des Himmels, Erzengel und Gottheiten, Diener des allmächtigen Gottes und der Göttlichen Mutter, nehmt Besitz von mir und von allem, was mir gehört, damit sich das Reich Gottes auf Erden und das Goldene Zeitalter unter den Menschen verwirklicht.« Solange ihr nicht dem Himmel geweiht seid, seid ihr nicht wirklich festgelegt und wisst nicht einmal, in wessen Dienst ihr steht. Also seid ihr niemandem nützlich, weder den anderen noch euch selbst.

Ein Krieg findet im Raum zwischen den Kräften des Lichtes und der Finsternis statt. Um dem Licht zum Sieg zu verhelfen, solltet ihr beginnen, alles, was verschwommen und dunkel in euch ist, einzuschränken. Auf diese Art und Weise werdet ihr den Plan verwirklichen, den Jesus uns im Vaterunser gegeben hat:[2] »Geheiligt werde Dein Name« in unserem Verstand, »Dein Reich komme« in unserem Herz, »Dein Wille geschehe wie im Himmel so auf Erden« als Ergebnis der ersten beiden Tätigkeiten.

Jeder Mensch wird entweder von den lichtvollen oder den dunklen Geistern besucht, denn die einen wie die anderen finden in ihm ihre Nahrung. Der Richtung gemäß, die er einschlägt und dem Ideal, das ihn beseelt, zieht er himmlische oder höllische Wesenheiten an. Es gilt also, an seiner eigenen Materie eine umfassende Arbeit zu leisten, um diese lichtvollen Geister anzuziehen und ein Gefäß der Gottheit zu werden. Die Gottheit steigt nicht in ein beschmutztes Gefäß herab, sie kann nur in einen lichtvollen, kristallklaren Kelch wie den Gralskelch herabsteigen.

Im Lichte unserer Lehre, die alle Überlieferungen seit Urzeiten umfasst, die uns die Schlüssel gibt und alle Symbole mit Leben erfüllt, hat diese Gralssage eine äußerst hohe Bedeutung. Der Legende nach ist der Gral ein Kelch aus dem Smaragd, der von der Stirn Luzifers herabfiel, als er in den Abgrund gestürzt wurde. Diesen Kelch gebrauchte Jesus beim letzten Abendmahl, und in diesem Kelch fing Joseph von Arimathäa einige Blutstropfen Jesu auf, nachdem dieser gekreuzigt worden war. Joseph von Arimathäa vererbte diesen Kelch seinem Sohn. Danach verlor man seine Spur und seither haben viele Menschen versucht, ihn wiederzufinden, jedoch vergeblich.

Der Smaragdkelch ist das weibliche Prinzip: Die Farbe Grün ist die Farbe der Venus, aber in ihrer ganzen Reinheit. Er ist das Sammelgefäß, die materielle Form, die in ihrem Leibe das männliche Prinzip, den Geist aufnimmt und bewahrt, der hier vom Blut dargestellt wird, das die Farbe Rot hat, die Farbe des Mars. In der Einweihungslehre symbolisiert der Gral das ideale Bild vom Körper des Menschen, der es verstanden hat, an seiner eigenen Materie zu arbeiten, sie zu reinigen, sie unverwandelbar, unvergänglich zu machen, würdig, die kostbarste aller Quintessenzen aufzunehmen. Das Blut Christi, den Geist.

Jeder Schüler einer Einweihungsschule ist ein Parzival, der auszieht, um das Gralsgefäß zu suchen. Aber in Wirklichkeit müssen wir in uns selbst das Gralsgefäß suchen. Der Gralskelch ist unser Körper, und ich muss auch erwähnen, dass es sich nicht nur um unseren physischen Körper, sondern auch um unseren Astralleib (den Sitz der Gefühle) und um unseren Mentalleib (den Sitz unserer Gedanken) handelt. Da wir ja lebendig sind, ist unser Kelch schon das Gefäß des göttlichen Lebens, des Blutes Christi, des Geistes, aber er ist nur ein unvollkommenes Gefäß. Welche Anstrengungen sind noch notwendig, um wie der Heilige Gral zu strahlen und seine wunderbaren Wirkungen hervorzubringen! Der Legende nach sind es Ritter, die auszogen, um das Gralsgefäß zu suchen, denn die notwendigen Tugenden, um diese innere Arbeit zu verwirklichen sind jene, die normalerweise einen Ritter auszeichnen: die Unerschrockenheit, die Hartnäckigkeit, die Ehrenhaftigkeit, die Treue, der Edelmut des Charakters. Und unsere Lehre gibt uns alle Methoden, um diese Tugenden zu entfalten.

Viele Menschen haben Angst, sich auf den Weg der Spiritualität einzulassen, weil sie den Eindruck haben, dass sie sich ins Leere stürzen. Sich in die Leere stürzen ist natürlich gefährlich, solange sich keine Flügel gebildet haben. Aber derjenige, der sich ins Leere stürzt und gleichzeitig wirklich beseelt ist von dem Wunsch, Diener des Geistes zu werden, wird nicht abstürzen. Seine Flügel werden sich entfalten und er wird im Raum schweben. Glaubt nicht, dass ihr von Stürzen verschont werdet, nur weil ihr in die Materie eingetaucht bleibt, im Gegenteil. Und wenn sich manche den Kopf angeschlagen haben, weil sie den spirituellen Weg gegangen sind, so deshalb, weil ihre Wahl nicht von reinen, selbstlosen und wahrhaft spirituellen Beweggründen inspiriert war.

Versucht, die Zukunft zu sehen, die sich euch eröffnet. Wenn man die Wunder des spirituellen Lebens gefunden hat, so bemerkt man, dass es wertvoller als Geld, wertvoller als Gold ist. Ihr werdet sagen: »Ja, aber Sie haben doch einmal davon gesprochen, dass Sie ein Geheimnis kennen, um Gold anzuziehen; dies interessiert Sie also doch.« Ja, das habe ich gesagt. Aber ihr habt vergessen, was ich danach hinzugefügt habe: Ich habe euch gesagt, dass, wenn man den höchsten Grad der Einweihung erlangen möchte, man es geschafft haben muss, sein Wissen und seine Macht nicht mehr für ein materielles Ziel, sondern für ein spirituelles Ziel einzusetzen.* Ich wollte die Wirksamkeit dieser Methode, die ich kannte, überprüfen. Ich habe einen Versuch gemacht und einige kleine Goldstückchen empfangen.

Oh! Reißt eure Augen nicht so auf, es waren nur sehr wenige. Natürlich wollt ihr wissen, wo sie sind und was ich damit gemacht habe. Ich habe sie verschenkt. Und ihr wollt auch wissen, wem ich sie geschenkt habe? Seid ihr aber neugierig! Ich habe sie ein paar Kindern geschenkt. Ich habe diese kleinen Goldstücke magnetisiert und habe sie einem jeden Kind als Talisman mitgegeben. Was wollt ihr denn, dass ich mit Goldstücken anfange? Ich habe es überprüft, ich habe gesehen, dass es gehen könnte, und das hat mir gereicht. Meine Gedanken sind woanders, meine Arbeit liegt woanders.

* Die Größe eines Menschen, seine wahre Macht besteht darin, niemals für sich selbst die Macht zu verwenden, die er besitzt. Wer sich magischer Praktiken bedient, um Liebe, Ruhm und Geld zu erlangen oder um sich von einem Feind zu befreien, betreibt in Wirklichkeit schwarze Magie. Die wahre Magie, die göttliche Magie besteht darin, alle Fähigkeiten, alle Erkenntnisse für die Verwirklichung des Reiches Gottes in sich selbst und in den anderen benutzen zu wollen. Sehr wenige Magier erreichen diesen hohen Grad, wo man nicht einmal mehr Interesse an der Magie selbst hat, wo man keine magischen Praktiken mehr ausübt, wo man aufhört den Geistern befehlen zu wollen, um irgendwelchen persönlichen Ehrgeiz zu befriedigen, wo das einzige Ideal ist, im Licht und für das Licht zu arbeiten. Diejenigen, die dies erreicht haben, sind Theurgen, d. h. Menschen, die die göttliche Magie ausüben, ihre Arbeit ist absolut selbstlos. Dies sind die Wohltäter der Menschheit.

Anmerkungen

1. Siehe Band 222 der Reihe Izvor »Die Psyche des Menschen«, Kapitel 13: »Das höhere Ich«.
2. Siehe Band 313 der Reihe Broschüren »Das Vaterunser«.

Kapitel 15

Die Vereinigung des Ichs mit dem physischen Körper

Das Schicksal eines Menschen, der sich auf Erden inkarniert, wird vor allem von seinem Geschlecht, Männlich oder Weiblich, bestimmt. Deshalb ist es in allen Ländern der Welt die erste Sorge der Eltern bei der Geburt eines Kindes zu wissen, ob es ein Junge oder ein Mädchen ist, denn je nach seiner physischen Gestalt ist der Mensch für diese oder jene Funktion oder Tätigkeit vorbestimmt und für andere weniger. Physisch, gefühlsmäßig und verstandesmäßig erwartet man nicht, dass die Männer sich wie die Frauen verhalten und umgekehrt. Die einen wie die anderen haben besondere Fähigkeiten und Qualitäten zu entwickeln, denn sie haben verschiedene Rollen zu übernehmen.

Physisch kann ein Mensch nur ein Mann oder eine Frau sein und normalerweise ist es unmöglich, sich darin zu irren. Aber psychisch ist es viel komplexer: Psychisch besitzt jeder Mensch die beiden Prinzipien, und man kann also nicht den Mann dem männlichen Prinzip und die Frau dem weiblichen Prinzip zuordnen. Die Eingeweihten der Vergangenheit, die über die Rätsel der menschlichen Natur meditiert haben, haben diese Idee durch Figuren, Bilder, Mythen dargestellt. In der chinesischen Symbolik von Yin und Yang enthält Yin, die schwarze weibliche Hälfte, einen weißen

Punkt und Yang, die weiße männliche Hälfte, einen schwarzen Punkt, um auszudrücken, dass das Männliche immer einen weiblichen Teil enthält und umgekehrt. Und in der griechischen und römischen Mythologie findet man Darstellungen von Aphrodite (Venus) mit einem Bart und von Zeus (Jupiter) mit einem Bart und weiblichen Brüsten.

Die lebendigen Männer und Frauen sind keine abstrakten Prinzipien, die lebendigen Männer und Frauen sind Kombinationen von Männlich und Weiblich in ungleichen Verhältnissen, und außerdem kommt es oft vor, dass von einer Inkarnation zur anderen das physische Geschlecht wechselt. Denn es wurde von der kosmischen Intelligenz so eingerichtet, dass der Mensch, um sich zu entwickeln, um sich zu vervollkommnen, die beiden Zustände, die beiden Bedingungen kennen lernen muss, um sich so in Fülle die Qualitäten sowohl des einen als auch des anderen Prinzips anzueignen. Es kann also vorkommen, dass eine Frau in Wirklichkeit ein versteckter Mann ist, der sich in einer weiblichen Form verbirgt, und ihr findet in ihr nicht das weibliche Prinzip, das ihr sucht. Warum hat dieser Mensch eine weibliche Form, obwohl sein Temperament das eines Mannes ist? Damit er lernt, dieses männliche Prinzip, das aus ihm in der Vergangenheit einen harten und dominanten Menschen gemacht hat, zu verfeinern. Unter diesem weiblichen Erscheinungsbild ist er gezwungen, an den Qualitäten des weiblichen Prinzips zu arbeiten. Und genauso wie es Frauen gibt, die innerlich Männer sind, gibt es Männer, die innerlich Frauen sind: Sie fühlen sich nicht wohl in ihrem männlichen Körper.

Die Mehrheit der Menschen hat die beiden Prinzipien ausgeglichener entfaltet und passt sich ohne größere Schwierigkeiten an einen weiblichen Körper oder an einen männlichen Körper an. Aber andere eben nicht, und so kann man auch viele Fälle von Homosexualität erklären. Gewisse Menschen finden das sie ergänzende Prinzip, dessen sie bedürfen, bei Personen gleichen Geschlechts. Denn im Allgemeinen zählt nicht die äußere Form, sondern die Empfindung, die man in Gegenwart dieser Form hat. Man wird von dem Menschen angezogen – ob er nun Mann oder Frau ist –, bei dem man das ergänzende Prinzip findet, sowohl psychisch als auch spirituell.

Ein Geist, eine Seele verbindet sich mit einem Körper für ein Leben. Im Moment des Todes geschieht die Trennung und später, in der nächsten Inkarnation bildet sich ein anderes Ich. Das menschliche Ich ist weder ein Mann noch eine Frau, sondern indem es sich auf Erden verkörpert, wird es das eine oder das andere, je nachdem, ob es positiv oder negativ polarisiert ist. Wenn es positiv polarisiert ist, verkörpert es sich normalerweise in einem weiblichen Erscheinungsbild, um die beiden Prinzipien zu besitzen; und umgekehrt, wenn es negativ polarisiert ist, nimmt es den Körper eines Mannes an. Ihr fragt euch jetzt: »Aber wovon hängt denn die Polarisation des menschlichen Ichs ab?« Vom Entwicklungsstadium, in dem es sich befindet und von der Arbeit, die es für seine Vervollkommnung leisten muss.

Unsere Inkarnation auf Erden ist schon auf eine gewisse Art eine Form von Ehe.[1] Man kann also sagen, dass die erste Ehe, die ein Mensch eingeht, diejenige seines Ichs mit seinem physischen Körper ist, und diese Ehe erfordert Treue.

Anmerkung

1. Siehe Band 8 der Reihe Izvor »Sprache der Symbole, Sprache der Natur«, Kapitel 8: »Die wahre Ehe«.

Kapitel 16

Das Sakrament der Eucharistie

Manche von euch werden zweifelsohne denken, dass ich der Frage nach den beiden Prinzipien, Männlich und Weiblich, eine übermäßige Bedeutung beimesse. Sie denken deshalb so, weil sie gewisse Stellen in den Evangelien nicht richtig interpretieren konnten.

Lest noch einmal im Johannes-Evangelium die Stelle, wo Nikodemus Jesus besucht. Nikodemus war ein Gelehrter Israels und aus Angst, er könne sich vor den Mitgliedern des Sanhedrins bloßstellen, besuchte er Jesus bei Nacht. Er stellte ihm Fragen und Jesus offenbarte ihm folgende Antwort, deren symbolischen Reichtum man nie gänzlich ausschöpfen können wird: »Wahrlich, wahrlich, ich sage dir: Es sei denn, dass jemand geboren werde aus Wasser und Geist, so kann er nicht in das Reich Gottes kommen« (Jh 3,5). Nun, was ist das Wasser anderes als das weibliche Prinzip? Und was ist der Geist anderes als das männliche Prinzip, das Feuer?[1]

Aber genauso wichtig für das Verständnis der beiden Prinzipien sind die Worte, die Jesus beim letzten Abendmahl mit seinen Jüngern aussprach: Als sie aber aßen, nahm Jesus das Brot, dankte und brach's und gab's den Jüngern und sprach: »Nehmet, esset; das ist mein Leib.« Und er nahm den Kelch und dankte, gab ihnen den Kelch und sprach: »Trinket alle daraus; denn das ist mein Blut des Bundes, das vergossen wird für viele zur Vergebung der Sünden« (Mt 26,26-28).[2] Diese Gesten und diese Worte Jesu wiederholt der Priester während der Messe bei der Kommunion. Man kann nicht verstehen, was die Messe wirklich ist, wenn man nicht versteht, dass sie eine magische Zeremonie darstellt, von der die Kommunion, der bedeutendste Moment ist. Das Brot und der Wein stellen die beiden ewigen Prinzipien, Männlich und Weiblich, dar, auf denen die gesamte Schöpfung basiert.

Warum empfangen dann aber in der katholischen Religion die Gläubigen nur das Brot, die Hostie, das Fleisch Christi, das das männliche Prinzip darstellt? Der Wein, das Blut Christi, das weibliche Prinzip bleibt dem Priester vorbehalten. Die Gläubigen werden also nur mit einem Prinzip ernährt, dem männlichen Prinzip. Das weibliche Prinzip fehlt.

Alles ist für mich heilig und ich möchte mich nicht in die Angelegenheiten der katholischen Kirche einmischen; aber vielleicht werden sie eines schönen Tages einsehen, dass es da etwas gibt, was nicht vollständig ist. Ich kenne nicht die Gründe, warum sie sich so entschieden haben. Vielleicht sind diese Gründe gewichtig, das ist nicht meine Sache. Aber die wahre Kommunion erfordert die beiden Prinzipien und die Tatsache, dass man eines weglässt, erzeugt ein Ungleichgewicht.

Ihr werdet sagen, dies sei nicht so wichtig. Die Kommunion ist eine symbolische Handlung und die Hostie, die der Priester in den Kelch, in das so genannte Ziborium gibt, kann genauso gut gleichzeitig den Leib und das Blut Christi symbolisieren. Oh nein, im Gegenteil, bei einer symbolischen Handlung muss man alle Aspekte berücksichtigen, um den tieferen Sinn zu verstehen. Das Wichtige ist nicht, dass die Gläubigen eine Hostie schlucken, ein Stück Brot essen oder einen Schluck Wein trinken. Sie werden dadurch weder gesünder noch kränker. Das Wichtigste ist, dass sie das Symbol verstehen, das dahinter liegt, und wenn das Symbol verstümmelt dargestellt wird, so wird ihr Verständnis des Symbols auch verstümmelt sein.

Das Fehlen des weiblichen Prinzips bei der Kommunion hat schwere Folgen. Die katholische Kirche hat etwas Wesentliches für das Verständnis der großen Mysterien des Lebens einfach weggelassen. Das Leben kann nicht nur aus einem Prinzip geboren werden, es wird geboren aus der Verschmelzung der beiden Prinzipien, Männlich und Weiblich. Hat man jemals Hochzeiten gesehen, wo nur der Bräutigam anwesend war? Und stellt euch vor, der Priester würde sagen: »Die Braut ist zu Hause geblieben, aber das ist nicht so schlimm. Man kann ja trotzdem die Zeremonie feiern.« Die Leute würden dies nicht akzeptieren. So etwas hat man noch nirgendwo gesehen. Sogar in den Ländern, wo es Brauch ist, die Frauen vor den Blicken anderer zu verbergen, ist die Braut bei der Hochzeit anwesend. Sie ist vielleicht verschleiert, aber sie ist da. Bei der Zeremonie ist der Mann da, und auch die Frau ist da, weil sie die beiden Prinzipien darstellen, dank denen das Leben weiterhin fortbesteht.

Die Eucharistie und die Ehe sind zwei Sakramente, die die Vereinigung der beiden Prinzipien, Männlich und Weiblich, feiern, dank denen das Leben von ganz oben bis ganz unten in der Schöpfung fortbesteht. Der Unterschied besteht darin, dass die Ehe mehr die physische Ebene betrifft, während die Kommunion die spirituelle Ebene und das innere Leben betrifft. Aber das Symbol ist dasselbe und man kann es sowohl am Anfang als auch am Ende der Mission Jesu finden. Dem Johannes-Evangelium zufolge war Jesus bei der Hochzeit in Kana in Galiläa eingeladen, und dort vollbrachte er auch das erste Wunder: Er verwandelte das Wasser in Wein. Wenn Jesus an einer Hochzeit teilnahm und dort sein erstes Wunder vollbrachte, so muss er in dieser Zeremonie etwas ganz anderes gesehen haben, als die Leute gewöhnlich darin sehen. Und die Zeremonie der Eucharistie war die letzte Handlung, die er vor seinem Tode vollbrachte. Wie kann man da also übersehen, dass die Lehre Jesu auf der Kenntnis der beiden Prinzipien beruht?

Anmerkungen

1. Siehe Band 232 der Reihe Izvor »Feuer und Wasser – Wunderkräfte der Schöpfung«, Kapitel 1: »Wasser und Feuer, Grundprinzipien der Schöpfung«.
2. Siehe Band 215 der Reihe Izvor »Die wahre Lehre Christi«, Kapitel 6: »Wer mein Fleisch isst und mein Blut trinkt, hat das ewige Leben«.

Kapitel 17

Der Mythos des androgynen Menschen

Teil 1

Im Dialog mit dem Titel »Das Gastmahl« erzählt Platon den Mythos vom ursprünglich androgynen Menschen. In sehr alten Zeiten lebten auf Erden menschliche Geschöpfe, die zugleich männlich und weiblich waren: Sie hatten zwei Gesichter, vier Arme, vier Beine, zwei Geschlechtsorgane usw. Diese Wesen besaßen eine außerordentliche Kraft, und da sie sich dieser Kraft bewusst waren, stellten sie sich den Göttern entgegen. Diese waren sehr beunruhigt und suchten ein Mittel, um sie zu schwächen. Zeus fand schließlich die Lösung: Sie sollten in der Mitte auseinander geschnitten werden, und dies wurde auch ausgeführt. Und deshalb irren die beiden voneinander getrennten Hälften unablässig durch die Welt auf der Suche nach der anderen Hälfte, um sich miteinander zu vereinigen und so die ursprüngliche Ganzheit wiederzufinden.

Diese Idee des ursprünglich androgynen, vollkommenen Menschen, der die Doppelnatur – Männlich und Weiblich – besitzt, findet sich auf die eine oder andere Art und Weise in den meisten großen religiösen und philosophischen Überlieferungen. Sogar das Buch der Genesis enthält Spuren davon, denn gewisse Kabbalisten haben die Episode, wo Gott Eva aus einer Rippe Adams entnimmt, als die Trennung der Geschlechter interpretiert. Auch die Alchimisten sehen in der Mineralwelt diese Polarität von Männlich und Weiblich, was sie durch das Symbol Rebis ausdrücken. Rebis bedeutet »Doppelding«. Das Symbol Rebis ist eine Figur in Form eines Eies (Symbol der Ganzheit), in dessen Inneren sich ein Körper mit zwei Köpfen befindet: ein männlicher Kopf, über dem die Sonne (das männliche Prinzip) steht und ein weiblicher Kopf, über dem der Mond (das weibliche Prinzip) steht. All diese Überlieferungen nehmen die Idee wieder auf, dass die Schöpfung das Ergebnis der Polarisation der Einheit ist. Jedes Geschöpf ist nur die Hälfte einer Ganzheit, es fühlt sich also dauernd unvollständig und kann nicht ruhig leben, bis es seinen ergänzenden Teil gefunden hat.

Das ganze menschliche Abenteuer ist also nur die Suche nach seiner verlorenen Hälfte. Überall sieht man nur Männer und Frauen, die sich gegenseitig suchen. Sie wissen nicht einmal, warum sie sich suchen, doch sie suchen sich, das ist instinktiv, eine Stimme sagt ihnen, dass sie so ihre ursprüngliche Ganzheit wiederfinden. Von Zeit zu Zeit kosten sie für ein paar Minuten, ein paar Stunden ein unbeschreibliches Glück, eine mysteriöse Erweiterung, aber dies dauert nicht lange und unabwendbar kommen wieder die Enttäuschungen, die Sorgen. Aber da sie niemals die Hoffnung verlieren, suchen sie weiter und wechseln das Subjekt... oder das Objekt!

Also warum das? Warum? Warum schafft es der Mensch nicht, seine tiefsten Sehnsüchte zu verwirklichen? Weil sich diese Vereinigung gar nicht auf der physischen Ebene abspielen sollte. Die physische

Ebene sollte nur das Ergebnis einer Arbeit sein, die zuvor auf den psychischen und spirituellen Ebenen ausgeführt worden sein muss. Sonst findet man bestenfalls Vergnügungen und vergängliche Genüsse. Wenn es manche durch die Verschmelzung auf der physischen Ebene geschafft haben, diese Einheit dauerhaft zu verwirklichen, so deshalb, weil sie zuvor eine umfassende innere Arbeit geleistet haben.[1] Jeder Mensch besteht aus den beiden Prinzipien, und er muss sie daher zuallererst in sich selbst zu vereinigen suchen. Dies ist die Philosophie des androgynen Menschen, die höchste Philosophie, die es gibt.

In dem Mythos, den Platon erzählt, gibt es ein äußerst bedeutungsvolles Detail: Um jene Geschöpfe zu schwächen, die die Macht der Götter bedrohten, entschloss sich Zeus, sie auseinander zu schneiden. Die Idee, die aus dieser Tatsache erkennbar wird, ist klar: Die Macht des Menschen beruht auf dem Besitz der beiden Prinzipien. Dieser Besitz der beiden Prinzipien, Männlich und Weiblich, macht ihn den Göttern gleich.

In Wirklichkeit besitzt der Mensch im Zustand der Verstümmelung, in dem er sich befindet, physisch die beiden Prinzipien. Ja, in seinem Mund: Die Zunge ist ein männliches Prinzip, und die beiden Lippen sind ein weibliches Prinzip, und sie haben ein Kind: das Wort. Deshalb ist die einzig wahre Macht des Menschen das Wort. Schaut: Allein durch sein Wort kann er genauso viele Ergebnisse erzielen, wie durch alle anderen materiellen Mittel. Er kann aufbauen und zerstören, er kann vereinigen und trennen, er kann den Frieden herstellen und einen Krieg entfesseln, er kann heilen und krank machen. Als der ursprüngliche androgyne Mensch geteilt wurde, hat die Frau sozusagen die Lippen behalten, das weibliche Prinzip und der Mann die Zunge, das männliche Prinzip. Deswegen versuchen sie sich zu vereinigen, um ihre ursprüngliche Macht wieder finden zu können. Ja, dies ist der weit zurückliegende Ursprung dieses Impulses, der bewirkt, dass die Männer und die Frauen sich suchen.

Selbst wenn diese Suche oft die Form von Vergnügungen und Zerstreuungen annimmt, ist ihr tiefer Sinn, die Einheit des göttlichen Wortes, die Einheit des Schöpferprinzips wieder zu finden, das männlich und weiblich ist. Im oberen Teil ihres Körpers haben die Männer und Frauen diese beiden Prinzipien bewahrt: Im Mund sind die Zunge und die beiden Lippen vereint. Also auch wenn ein Mann und eine Frau alleine kein Kind zeugen können, ist jeder einzeln durch das Wort ein Schöpfer, dank der beiden Prinzipien, die im Mund enthalten sind.[2]

Alle Evangelien sind nur die Veranschaulichung dieser Idee. Dank der Allmacht des göttlichen Wortes hat Jesus Wunder bewirkt. Er sprach zu dem Gelähmten: »Steh auf, hebe dein Bett auf und geh heim!« (Mt 9,6). Als er Lazarus auferweckte, begab er sich zu dessen Grab und rief mit lauter Stimme: »Lazarus, komm heraus!« Als er die Tochter des Jairus auferweckte, nahm er ihre Hand und sprach: »Mädchen, ich sage dir, steh auf!« (Mk 5,41). Als er die Besessene heilte, befahl er den Dämonen: »Fahre aus, du unreiner Geist, von dem Menschen!« (Mk 5,8). Als er einen Aussätzigen heilte, sprach er: »Ich will's tun; sei rein!« (Mt 8,3). Als er den Sturm besänftigte sagte er zum Meer: »Schweig und verstumme!« (Mk 4,39).

Ich habe euch oft erklärt, dass die Art und Weise wie unser Körper aufgebaut ist, eine umfassende Lehre enthält. Über die Frage nach den beiden Prinzipien lehrt uns unser Körper, dass sie nur unten auf der physischen

Ebene getrennt sind. Physisch kann ein Mensch nur ein Mann oder eine Frau sein, die Zwitter kommen nur ganz selten vor. Aber auf der göttlichen Ebene sind die beiden Prinzipien vereinigt, wie sie im Mund vereinigt sind, und deshalb ist der Mensch oben ein Schöpfer, er ist frei, er lebt in der Fülle. Die Schwierigkeiten kommen daher, dass die Menschen als sie herabstiegen, um sich zu inkarnieren, von ihrer äußeren Erscheinung als Mann oder Frau derartig eingenommen wurden, dass sie vergaßen, dass sie oben auf der göttlichen Ebene beides sind. Und die Aufgabe des Eingeweihten ist es, sie daran zu erinnern.

Wenn ich jetzt sage »oben«, muss man verstehen, dass dieses »oben« nicht Lichtjahre entfernt ist. Oben ist auch in uns, der höhere Teil von uns selbst. Eine Frau sollte wissen, dass das männliche Prinzip in ihrem Inneren vorhanden ist, es wartet und offenbart sich am Ende ihrer spirituellen Suche und bringt ihr Kraft, Erkenntnis und Weisheit. Und auf den Mann wartet oben, in ihm selbst das weibliche Prinzip, um ihm die wahre Schönheit, die Liebe, das göttliche Leben in seiner Fülle zu schenken.

Die wahre Einweihung ist ein innerer Prozess, an dessen Ende der Mensch fähig ist, mit dem ihm ergänzenden Teil seines Wesens zu verschmelzen. Deshalb fühlt er nie, dass ihm etwas abgeht, und deshalb fühlt er sich nie alleine. Die körperlichen Partnerschaften bewirken nicht, dass ein Mann oder eine Frau sich weniger einsam fühlen. Wie viele Menschen werden euch dies wohl schon gesagt haben! Sie haben zahlreiche Treffen und Erfahrungen hinter sich, und innerlich sind sie immer noch einsam, einer Wüste gleich. Ja, denn zuerst sollten gewisse Begegnungen in ihnen, auf der psychischen Ebene, auf der spirituellen Ebene, stattfinden. Man findet unten nur das, was man zuvor oben verwirklicht hat. Man findet außerhalb von sich nur das, was man bereits innerlich verwirklicht hat.

Bei den Menschen ist wirklich außergewöhnlich, dass sie im Bereich der Liebe und der Sexualität immer die Tendenz haben, das, was man ihnen sagt, um ihnen zu helfen, falsch zu verstehen. Sobald man beginnt, ihnen zu erklären, dass sie niemals das finden werden, was sie suchen, wenn sie die gleichen Ansichten und die gleichen alten Einstellungen behalten, so stellen sie sich vor, man wolle verhindern, dass sie jemanden lieben und dass sie glücklich sind. Obwohl ihre Erfahrung ihnen ein dutzend Mal gezeigt hat, dass ihnen diese Ansichten und Einstellungen nur Misserfolge und Enttäuschungen gebracht haben, macht ihnen das nichts aus, sie wollen immer wieder genau auf die gleiche Art und Weise neu anfangen! Ihrer Meinung nach ist nicht ihr Verständnis der Liebe fehlerhaft, sondern sie sind ganz einfach noch nicht ihrer Schwesterseele begegnet. Für sie hängt das Glück nur davon ab, mit wem sie zusammentreffen. Sie suchen also diese Schwesterseele, sie ziehen ihr Horoskop zu Rate, sie gehen zu Hellsehern, um zu wissen, ob dieses Treffen sich bald einstellt. Oder aber sie erwarten von ihrem Meister, dass er ihnen die Person vorstellt, die ihnen von der Vorsehung zugeteilt wurde.

Leider spielen sich die Dinge nicht ganz so ab, denn die Schwesterseele ist vor allem ein Begriff mit einer spirituellen Dimension. Die Schwesterseelen ziehen sich gegenseitig an wie die Liebe und die Weisheit, es handelt sich dabei um die Seele und den Geist, die einander suchen, um zu verschmelzen. In ihrer Bedeutung vom Standpunkt der Einweihungslehre aus sind die Schwesterseelen ein Spiegelbild der beiden großen ewigen Prinzipien, Männlich und Weiblich. Ihr solltet eines gut verstehen: Die Schwesterseele ist kein Mann, keine Frau, die plötzlich auf der Straße daherkommt und für die ihr die Liebe auf den ersten Blick sein werdet. Die Begegnung mit der Schwesterseele ist zu allererst ein psychischer Prozess, der, wie ich euch erklärt habe, bewirkt, dass der höhere Teil von euch selbst seinen ihn ergänzenden Teil anzieht. Und man muss lange gearbeitet haben, um sich mit dem höheren Teil seiner selbst identifizieren zu können. Eine gewöhnliche Frau kann keinen Erzengel anziehen, und ein gewöhnlicher Mann kann nicht die Königin des Himmels anziehen. Aber diejenigen, die sich angestrengt haben, um sich ihrer göttlichen Hälfte würdig zu erweisen, werden sie anziehen. Es wird eine Verbindung mit ihr entstehen, denn sie lebt in ihnen. Und diejenigen, die so ihre Schwesterseele gefunden haben, lieben alle Frauen und alle Männer auf Erden. Sie lieben sie spirituell wegen ihrer Schwesterseele, die sie bereits innerlich erfüllt hat.

Wenn ihr eure Schwesterseele finden wollt, beginnt vor allem damit, sie nicht äußerlich zu suchen, sondern arbeitet mit dem Licht, und sie wird kommen, weil sie angezogen wird von diesem Lichtschein, den sie in euch strahlen sieht. Ihr wisst nicht, wo eure Schwesterseele ist? Aber sie weiß, wo ihr seid. Sucht sie nicht, denn wenn ihr sie sucht, kommt ihr in Gefahr, dass ihr euch täuscht. Es genügt, dass ihr innerlich wartet: Dann wird sie kommen.

Die wahre Vereinigung geschieht nur innerlich mit dem göttlichen Prinzip, das in euch ist. Wenn es euch gelingt, den Funken zu entfachen, werdet ihr mit einem Schlag euer ganzes Wesen im Einklang schwingen fühlen mit der Unermesslichkeit, verschmolzen mit dem

Universum, und euer ganzes Leben wird verwandelt sein. Das Wesentliche ist, dass man wenigstens einmal die Erfahrung einer solchen Verschmelzung gemacht hat. Dies wird wie ein Lichttropfen sein, der dann immer in euch wohnt. Ihr habt euch wieder gefunden, und ihr müsst diese Einheit immer in euch wahren bis ihr alles Wissen, alle Macht vollkommen erlangt habt. Von diesem Zeitpunkt an beginnt die wahre Arbeit. Ihr seid an anderen Ufern angekommen, ihr seid auf dem Weg zur Vollkommenheit, aber es liegt noch eine lange Strecke vor euch. Ihr habt einen Lichttropfen gekostet, und dank dieses Tropfens könnt ihr schon trinken und euch erfreuen. Aber ihr besitzt noch nicht den Ozean, ihr müsst also weitermachen, bis ihr eins werdet mit dem Ozean des göttlichen Lichtes. Von diesem Zeitpunkt an habt ihr euch wirklich wieder gefunden.

Wenn ihr das euch ergänzende Prinzip gefunden habt, dann begegnet ihr diesem Prinzip überall, bei allen Lebewesen und in der ganzen Natur. Ihr fühlt nicht mehr diese Leere, die euch dazu drängt, ständig etwas zu suchen, was sie wieder auffüllt, ihr fühlt, dass alle Begegnungen, die ihr pflegt, dazu beitragen euch zu bereichern. Wenn ihr die Fülle in euch verwirklicht habt, seht ihr das andere Prinzip in allen Geschöpfen, ihr seid durch die anderen hindurch erfüllt. Dies sind unerklärbare und unbeschreibliche Dinge. Wer sie verwirklicht hat, kann sie verstehen. Welchen Weg muss man aber bis dahin zurücklegen! Immer leiden, enttäuscht sein, immer suchen, ohne zu finden. Man sagt sich: »Ah, das ist er! Hier ist er!« Und dann einige Zeit später wird man sich bewusst, dass er wieder nicht der war, den man gesucht hat. Also, ist es vielleicht jemand anderer? Und dies geht so weiter, bis man sich dessen bewusst wird, dass man ihn nur in sich finden kann. Und wenn man ihn einmal im Inneren gefunden hat, findet man ihn auch überall außen.

Ihr solltet mich jetzt richtig verstehen. Ich rate von der physischen Vereinigung nicht ab und verurteile sie auch nicht. Ich erkläre euch nur, wenn ihr wirklich die Fülle auf der physischen Ebene finden wollt, so müsst ihr zuerst die Vereinigung der beiden Prinzipien verwirklichen. Und wenn in einem Paar alle beide sich dieser Arbeit bewusst sind, die es zu verrichten gilt, dann ist der eine für den anderen ein wertvoller Mitarbeiter. Durch ihre Einstellung, durch ihre Gedanken helfen sie sich gegenseitig, das sie ergänzende Prinzip zu finden, das in ihnen ist, und in dieser wiederhergestellten Einheit haben sie die Empfindung, das verlorene Paradies wieder zu finden.

Anmerkungen

1. Siehe Band 205 der Reihe Izvor »Die Sexualkraft oder der geflügelte Drache«, Kapitel 4: »Vom Vergnügen«.
2. Siehe Band 8 der Reihe Gesamtwerke »Sprache der Symbole, Sprache der Natur«, Kapitel 10: »Wie die beiden Prinzipien im Mund enthalten sind«.

Teil 2

Die Evangelien berichten von einem Gespräch Jesu mit gewissen Sadduzäern, die gekommen waren, um ihn über die Auferstehung der Toten zu befragen.[1] Jesus sagte zu ihnen: »Wenn sie von den Toten auferstehen werden, so werden sie weder heiraten noch sich heiraten lassen, sondern sie sind wie die Engel im Himmel« (Mk 12,25). Viele Menschen haben daraus geschlossen, dass Jesus sagen wollte, dass die Engel geschlechtslos wären und dass man daher in der anderen Welt weder Mann noch Frau sei, sondern auch nur geschlechtsloser Geist. Dies ist aber eine falsche Interpretation. Um diese Antwort Jesu zu verstehen, muss man einige Begriffe richtig verstehen, die ich euch nun erklären werde.

Wenn man von Geistern spricht, so spricht man von nicht inkarnierten Wesen, dies gibt jedoch keinerlei Auskunft über das Geschlecht. Da die Geister keinen physischen Körper besitzen, können sie auch kein Geschlecht besitzen, in dem Sinne wie die Menschen eines haben. Aber sie sind nicht wirklich geschlechtslos, weil sie ja polarisiert sind. In allen Bereichen des

Universums bis hinauf zum Throne Gottes existiert die Polarisation, weil es ohne Polarisation keine Manifestation gibt. Die Manifestation schließt die Polarisation mit ein, und die Polarisation schließt die Manifestation mit ein. Denkt euch die Polarisation weg, und es wird keine Manifestation mehr geben, alles kehrt in den Urabgrund zurück, der ein Zustand der Undifferenziertheit ist.

Die Geister sind also polarisiert in Männlich und Weiblich, und es gibt zwischen ihnen Beziehungen und Austausch, von denen ihr euch nicht einmal eine Vorstellung machen könnt. Sie verbinden sich nicht in Form von Ehen wie hier auf der Erde, sondern sie haben ununterbrochen liebevollen Austausch, und aus diesem Austausch sprudelt das reiche und üppige Leben hervor, das sich über das ganze Universum verbreitet. Die Tatsache, dass sie frei sind und weder einen Mann noch eine Frau nehmen, bedeutet nicht, dass sie keinen Austausch haben. Im Gegenteil, so wie die Sonnenstrahlen die ganze Schöpfung durchdringen, so durchdringen sie sich gegenseitig mit den reinen Strahlen ihrer Liebe, und sie sind ununterbrochen in der Schönheit und in der Freude.

Hört gut zu, es ist gar nicht so schwierig, dies zu verstehen: Wenn ihr euch beobachten könntet, so würdet ihr feststellen, dass ein großer Teil eures Gefühlslebens auch aus einem solchen Austausch besteht. Ihr geht am Morgen aus dem Haus und trefft Männer und Frauen, für die ihr Freundschaft, Sympathie oder Bewunderung empfindet. Ihr grüßt sie, sie grüßen zurück und ihr seid glücklich. Dieser Austausch geschieht über euer Herz, über euren Verstand, über eure Seele und über euren Geist. Und selbst wenn ihr gewisse Männer und Frauen nicht physisch trefft, die in euch diese Gefühle der

Liebe oder der Bewunderung inspirieren, so könnt ihr sie vielleicht im Radio hören oder im Fernsehen sehen. Es gibt auch Bücher, die ihr lest, Musik, die ihr hört, Kunstwerke, die ihr betrachtet und die euch begeistern. Ist dies nicht ein Austausch, den ihr mit den Künstlern habt? Durch ihre Kunstwerke geben euch die Künstler etwas, und durch eure Bewunderung, durch eure Liebe gebt ihr ihnen etwas zurück. Ihr werdet sagen: »Aber viele sind schon gestorben!« Physisch ja, aber ihre Seele und ihr Geist, die die Kunstwerke geschaffen haben, sind unsterblich und ernähren immer noch eure Seele und euren Geist.

Also, seht ihr, das ist ganz einfach, die Geister der unsichtbaren Welt haben einen ähnlichen Austausch, sie treffen sich im Raum, begrüßen sich und gehen weiter. Warum sollte man keinen Austausch mehr haben, wenn man keinen physischen Körper mehr hat? Ihr habt ja auch tausendmal Austausch mit Geschöpfen rund um euch, die nicht physisch sind. Ihr küsst nicht alle Menschen... ihr liegt nicht im Bett mit allen Menschen... aber es kommt ständig zu Begegnungen, die euch ernähren, die euch glücklich machen.[2]

Die Liebe, wie sie von den meisten Menschen verstanden wird, ist wirklich eine Sklaverei. Diese Liebe ist begrenzt, besitzergreifend, eifersüchtig, grausam, es gibt gar keine Worte, um ihre ganzen Mängel auszudrücken. Ihr werdet sagen: »Aber wir haben einen Körper, wir können uns nicht wie die Engel benehmen.« In Wirklichkeit, das müsst ihr wissen, ist es nicht euer Körper, der sich den spirituellen Ausdrucksformen der Liebe am meisten entgegenstellt, es ist eure schlecht beherrschte psychische Welt: Das Bedürfnis zu besitzen, sich aufzudrängen, die Eifersucht, die Launen, die Machenschaften, die Rachegefühle usw. Einen Körper zu haben verhindert es nicht, sich dieser spirituellen Auffassung der Liebe anzunähern, denn die Seele und der Geist in uns sind genauso wirklich wie unser physischer Körper.

Unsere Seele existiert, unser Geist existiert, und sie können Austausch mit allen anderen Seelen und allen anderen Geistern des Universums haben. Eines Tages, wenn die Menschen des Leidens müde sind, werden sie vieles in ihrer Auffassung über die Liebe ändern müssen. Ihr werdet sagen: »Aber Sie vertreten doch hiermit die freie Liebe!« Niemals im Leben, ich spreche von einer Liebe, die die Menschen frei macht, ich spreche nicht von Ausschweifungen, die sie im Gegenteil versklaven. Also liegt es jetzt an euch, diese Liebe, die euch frei macht, zu finden.

Anmerkungen

1. Siehe Band 209 der Reihe Izvor »Weihnachten und Ostern in der Einweihungslehre«, Kapitel 5: »Die Auferstehung und das Jüngste Gericht«.
2. Siehe Band 204 der Reihe Izvor »Yoga der Ernährung«, Kapitel 11: »Das Gesetz vom Austausch«.

Kapitel 18

Die Verschmelzung mit der Universellen Seele und dem Kosmischen Geist

Wer oder was ist Gott? Wie viele Philosophen, Theologen, Mystiker haben versucht, eine Antwort auf diese Frage zu geben! Niemand hat es wirklich geschafft, weil man Gott nicht mit Worten erklären kann. Wir können erst wissen, wer oder was Gott ist, wenn wir uns mit Ihm verschmolzen haben. Aber wir werden es nur für uns selbst wissen, wir werden es nicht erklären können.[1]

Ich habe euch bereits gezeigt, wie diese Wesenheit, die wir Gott nennen, gleichzeitig männlich und weiblich ist. Wenn wir vom kosmischen Geist und von der universellen Seele sprechen, so sprechen wir von Gott, wie von einer einzigen, polarisierten Wesenheit. Wir können uns aber dennoch dieser unausdrückbaren, unfassbaren Wesenheit annähern. Durch die Meditation, durch das Gebet tritt unser Geist in Kontakt mit der universellen Seele und unsere Seele mit dem kosmischen Geist. So vollzieht sich die vollkommene Verschmelzung.

Das am häufigsten gewählte Motiv in der christlichen sakralen Kunst ist sicher die Jungfrau mit dem Kind. Normalerweise sieht man nur die Darstellung einer Mutter, Maria, mit ihrem Sohn, Jesus, und man ist gerührt. Aber ein Eingeweihter sieht in diesen Gemälden etwas anderes, er sieht dieses Doppelprinzip, Männlich und Weiblich. Er sieht die Göttliche Mutter, die den kosmischen Geist trägt, und er weiß, dass er hier mit der mysteriösesten Seite der Religion in Berührung kommt, die die Kabbalisten durch die Darstellung des *Jod* im *He* ה ausgedrückt haben. Natürlich gibt es kein gemeinsames Maß zwischen der Seele und dem Geist des Menschen und der universellen Seele und dem kosmischen Geist, aber in ihrer Essenz sind sie identisch. Deshalb haben unsere Seele und unser Geist das Bedürfnis, mit diesen göttlichen Wesenheiten zu verschmelzen: mit dem Ewig-Männlichen und dem Ewig-Weiblichen. Unsere Seele, die sich erhebt, begegnet dem kosmischen Geist, und unser Geist begegnet der universellen Seele. So geschieht ein Austausch zwischen diesen unseren spirituellen Körpern und den göttlichen Wesenheiten. Der männliche Teil von uns vereinigt sich mit dem weiblichen Teil Gottes, und der weibliche Teil von uns vereinigt sich mit dem männlichen Teil Gottes. Aber bevor es zu dieser Verschmelzung kommt, was für eine Arbeit!

Die Eingeweihten, die großen Mystiker sind Menschen, die diese Wirklichkeit nicht nur verstanden haben, sondern alles geopfert haben, um sie zu leben. Und sie kosten grenzenlose Freuden. Was glaubt ihr denn sonst? Dass sie arme Unglückliche sind, die, man weiß eigentlich nicht warum – sicher weil sie nicht ganz richtig im Kopf sind –, alle Vergnügungen der Welt hinter sich gelassen haben, um in der Einsamkeit, den Entbehrungen, der Trockenheit, der Wüste zu leben? Oh nein, sie gehen auf den größten Reichtum, auf die größte Fülle zu. Alle Religionen lehren, dass man Gott anbeten und verehren sollte, aber warum? Diese Vorschriften beruhen auf den Gesetzen über die Beziehungen zwischen Mensch und Gott, zwischen der Seele und dem Geist des Menschen und der Seele und dem Geist des Kosmos. Ich kann euch nicht alles enthüllen, denn dies sind die größten Geheimnisse der Einweihungswissenschaft, aber ich kann euch wenigstens den Weg weisen.

Die Seele und der Geist sind keine von verworrenen Köpfen erfundenen Begriffe, sie sind Wirklichkeiten, die mit kosmischen Wirklichkeiten in Verbindung stehen. Was immer man ihnen für Namen gibt, der Mensch besitzt ein winziges Stück dieser beiden Schöpferprinzipien. Sein Körper wurde nach dem Bild des Universums erschaffen, und seine Seele und sein Geist, die wir nicht sehen, sind Spiegelungen der beiden großen Prinzipien, Männlich und Weiblich, universelle Seele und kosmischer Geist. Ihr werdet sagen: »Aber warum sind wir dann auf der physischen Ebene so begrenzt?« Weil ihr in euren früheren Inkarnationen eurer Seele und eurem Geist nicht genug Aufmerksamkeit geschenkt habt. Ihr habt eurem Verstand und eurem Herzen den Vorzug gegeben, dem niederen Aspekt von Seele und Geist, die euch, weil sie nicht von diesen erleuchtet waren, selbstsüchtige Gedanken und egoistische Gefühle eingegeben haben. Nun formen aber gerade der Verstand und das Herz ihrerseits den physischen Körper, denn die physische Ebene wird immer von den Kräften der Ebenen geformt, die direkt über ihnen sind, d. h. von den Kräften der Astralebene (Herz) und der Mentalebene (Verstand). Die erste Aufgabe des Spiritualisten ist es also, sein Herz und seinen Verstand durch die Macht seiner Seele und seines Geistes zu reinigen, zu erhellen, zu veredeln.

Alles, was auf der physischen Ebene existiert, wurde zuerst oben auf der göttlichen Ebene vom kosmischen Geist und von der universellen Seele erschaffen. Ihre Verschmelzung, ihr Austausch erfüllt den Raum mit Konstellationen, Sternennebeln, Galaxien und Geschöpfen, die diese Galaxien bewohnen. Auch wir sind ihre Schöpfung und wie sie können auch wir erschaffen. Ja, auch wir können erschaffen, so wie Gott erschafft, aber erst, wenn wir bewusst sind, wenn wir befreit sind, wenn das männliche und das weibliche Prinzip in uns die Fülle ihrer Möglichkeiten erlangt haben. Und um dahin zu gelangen, müssen wir uns mit Gott vereinen. Das Gebet, die Meditation, die Kontemplation sind die einzigen Mittel, die wir haben, damit es uns gelingt, die göttlichen Mysterien zu verstehen und Schöpfer zu werden. Im Wunsche, uns zu erheben, um die universelle Seele, dieses Licht, das die Schöpfungsmaterie ist, zu durchdringen, wird sie von unserem Geist befruchtet. Und unsere Seele empfängt ihrerseits die Samen des kosmischen Geistes und bringt göttliche Kinder zur Welt: Erleuchtungen, Freuden, edle Handlungen.

Wenn wir beten, wenn wir meditieren, wird unsere Seele vom universellen Geist angezogen, und unser Geist wird von der universellen Seele angezogen; und wenn sie sich begegnen, werden wir von der Fülle überflutet. Diese Begegnung gibt unserem Gebet und unserer Meditation einen Sinn. Warum sollten wir sonst beten? Beten ist etwas anderes, als sich vom Herrn etwas zu wünschen. »Ich brauche dies, ich will das ...« Das Gebet gibt uns die Möglichkeit, die wahren Dimensionen unseres Wesens zu finden. Der Sinn des Gebetes ist eben diese Begegnung von etwas in uns mit etwas von gleicher Natur im Universum. Es kommt dabei zu einer Begegnung: die Begegnung zweier polarisierten Wesenheiten. Diese Begegnung ist das größte Geheimnis der Religion. Die menschliche Seele, die den Göttlichen Geist sucht und der menschliche Geist, der die universelle Seele sucht. Unsere Seele wird vom kosmischen Geist befruchtet, und unser Geist befruchtet die universelle Seele. Gott ist androgyn und der Mensch ist in seiner Seele und seinem Geist ebenfalls androgyn.

Wenn der Mann und die Frau genügend weit entwickelt wären, um in ihrer Liebe diese Begegnung ihrer Seelen und ihrer Geister zu verwirklichen, wäre ihre Liebe für sie eine unerschöpfliche Quelle von Reichtum und Freude. Leider begegnen sich oft nur die Körper und dies hat nur Missverständnisse und Enttäuschungen zur Folge. Bis ihr deshalb diesen Entwicklungsgrad erreicht habt, wo ihr fähig sein werdet, euch gegenseitig diese Fülle zu schenken, versucht wenigstens, diese oben zu suchen, indem ihr euch mit der universellen Seele und dem kosmischen Geist verbindet.

Diejenigen, die es schaffen, die Bereiche des göttlichen Lichtes und der göttlichen Liebe zu erreichen, empfangen Strömungen von sehr reinen und sehr mächtigen Partikeln, die bis in die Tiefen ihres Wesens dringen und alle Zellen ihres Körpers ernähren. Aber um dieses Licht zu empfangen, bedarf es einer langen Vorbereitung, denn diese Strömung hat eine unwahrscheinliche Macht, und wenn der Weg nicht frei ist, wenn sie auf Unreinheiten trifft, so verbrennt sie alles, was auf ihrem Weg liegt. Dies ist ein schrecklicher Brand, der die schlimmsten Störungen im psychischen oder sogar im physischen Organismus hervorrufen kann, wie zügellose Sinnlichkeit, mentale Unregelmäßigkeiten und physiologische Störungen des Herzens und des Gehirns.

Ja, man muss es wissen; diese Übungen fordern eine vollkommene Vorbereitung. Es reicht nicht aus, dem kosmischen Geist und der universellen Seele begegnen zu wollen, damit es auch gleich geschieht. Es braucht eine vollkommene Reinigungsarbeit. Ich habe euch dies bereits hunderte Male gesagt, und ich wiederhole es immer wieder, weil ich feststelle, dass dies ein Punkt ist, der noch weit davon entfernt ist, verstanden zu werden. Es ist gefährlich, in die spirituelle Welt eintreten zu wollen, wenn man sich nicht zuvor gereinigt hat.[2] Diese Frage sollte ganz klar sein: Der Wunsch, mit der universellen Seele und dem kosmischen Geist in Berührung zu kommen, muss vom höchsten Ideal inspiriert werden, vom einzigen Wunsch, sich zu vervollkommnen und dem Willen Gottes zu dienen.

Bei der Einweihungswissenschaft handelt es sich nicht nur um Erkenntnisse, die für den Verstand bestimmt sind, sondern man kommt durch sie an einen Bereich heran, der die Gesamtheit des menschlichen Wesens, seine intimsten Bereiche berührt, und deshalb muss man unglaublich vorsichtig sein. Mit der Seele und dem Geist zu arbeiten bedeutet, mit den beiden Schöpferprinzipien zu arbeiten und so mit den mächtigsten Wesenheiten und Strömungen des Universums in Berührung zu kommen. In dem Maße wie die Geschlechtsorgane des Mannes und der Frau das Leben zeugen, sind sie auf der physischen Ebene die Entsprechung der Seele und des Geistes, und wer Zauberlehrling spielt mit der Macht der Seele und des Geistes, entfesselt bis in seinen Körper hinein gewaltige Kräfte, die er dann bald nicht mehr kontrollieren kann.

Wer an die Einweihungswissenschaft herantritt mit dem Willen, Macht zu erlangen, die es ihm ermöglicht, sich zu bereichern und die anderen zu beherrschen, setzt sich großen Gefahren aus, denn die Energien, die auf ihn zuströmen, fließen durch Wege, die nicht frei sind, und dies erzeugt im Organismus Hitze und Erregung, die auch seine Geschlechtsorgane berühren. Man darf die Wirklichkeit nicht verbergen. Es gab in der Geschichte Beispiele von Personen, die sich mit der okkulten Wissenschaft beschäftigten und die sehr schlecht geendet haben. Und alle waren verblüfft. Jahrelang machten diese Menschen den Eindruck von Weisheit und Spiritualität. Man sah sie ausschließlich mit Studien, mit Nachdenken, mit Meditationen beschäftigt. Und dann eines Tages, als hätte sich eine unkontrollierbare Kraft ihrer bemächtigt, gaben sie sich unsinnigen Handlungen der Sinnlichkeit oder Gewalt hin. Das bisschen Erfolg, das sie erlangten, ließ sie leichtsinnig werden. Sie wussten Folgendes nicht: Je höher man aufsteigen möchte, desto anspruchsvoller muss man gegenüber sich selbst sein, desto selbstloser und demütiger muss man werden. Sie wollten alles haben, alles besitzen, und diese phänomenalen Energien trafen in ihnen auf Hindernisse, auf all diese durch ihren Ehrgeiz, ihre Begehrlichkeiten angehäuften Unreinheiten und rissen alles auf ihrem Weg mit sich fort. So wurden sie die Opfer ihrer eigenen Bestrebungen.

Eine andere Gefahr ist es, das spirituelle Leben als eine Art Droge oder ein Narkotikum aufzufassen. Es kommt vor, dass ich Briefe von Personen bekomme, die mir ihr Leben erzählen: ihre Leiden, ihre Misserfolge, ihre Enttäuschungen... Sie sagen mir, aber jetzt hätten sie die Einweihungswissenschaft gefunden, und ihr ganzes Leben sei verändert und sie stellen mir dar, wie es mich freuen würde, wenn ich das Bild sähe, das sie gerade malten. Die Wahrheit ist, dass ich mich nicht nur nicht freuen würde, sondern dass ich sogar beunruhigt bin, denn das, was diese Personen ausdrücken, ist zuallererst der Wunsch nach Flucht vor der Arbeit, vor den Anstrengungen, vor der Verantwortung, als bestände das spirituelle Leben darin, sich von angenehmen Strömungen mitreißen zu lassen, auf wer weiß welchen Ebenen zu schweben, die voll sind mit unklaren Bildern. O nein, das spirituelle Leben stellt hohe Ansprüche und sogar höhere als das materielle und soziale Leben. Das richtig verstandene spirituelle Leben ist keine Flucht vor den Wirklichkeiten des Lebens, und es sollte euch sogar fähig machen, euer Leben auf Erden besser zu bewältigen. Denn darin besteht auch das Gleichgewicht der Waage, nach dem wir streben sollten: Der Mensch im Einklang mit Geist und Materie.

Die Eingeweihten und großen Meister haben uns immer diese Warnung gegeben: »Wer nicht rein ist, darf sich dem Heiligtum nicht nähern!« Und was ist die Reinheit? Im Gegensatz zu dem, was viele glauben, berührt die Reinheit nicht nur den sexuellen Bereich; die Sexualität ist nur ein begrenzter Aspekt der Reinheit. Es gibt noch andere höhere, wesentlichere Formen der Reinheit. Die wahre Reinheit liegt zuallererst in den Gedanken, den Gefühlen und Wünschen. Sie ist eine Tugend, die darin besteht, nichts mehr für sich zu behalten. Alles, was man lernt, alles, was man erlangt, sollte man auf die eine oder andere Art und Weise den anderen zugute kommen lassen. Was die Unreinheit anbetrifft, so handelt es sich um die Egozentrik in allen ihren Formen. Rein sein zu wollen, damit es einem selbst besser geht, ist noch nicht die Reinheit. Nur wer die Reinheit sucht, um den anderen besser geben zu können und um ihnen nur die kostbarsten Elemente geben zu können, ist wirklich rein.

Die wahre Reinheit sollte euch wirklich dazu dienen, die Wohnung für den Heiligen Geist vorzubereiten, damit er sich in uns niederlässt, denn er ist es, der euch die Bedingungen geben wird, für die Verwirklichung des Reiches Gottes auf Erden zu arbeiten. Zu viele so genannte Spiritualisten glauben, dass Reinheit bedeutet, sich vor jedem Kontakt zu bewahren, in einem Glashaus eingeschlossen zu sein. Nein, diese Reinheit, die nichts bewirkt, ist fast unnötig, ja sie ist sogar schädlich, denn in dieser Untätigkeit weiß nur der Teufel allein, was sich dort abspielt: Gärungen, Verwesungsprozesse. Man ist manchmal erstaunt, was sich in den Köpfen so genannter reiner und keuscher Personen abspielt. Wenn ihr in Wirklichkeit die wahre Reinheit gefunden habt, ob ihr nun niemanden mehr erlaubt, euch zu berühren oder ob euch alle berühren, das ändert gar nicht mehr so viel. Ihr seid auf alle Fälle rein, weil bereits der Heilige Geist da ist, und wenn der Heilige Geist da ist, kann euch niemand mehr beschmutzen. Ihr seid eine Quelle, die sprudelt, und alle Unreinheiten werden weggespült, woher sie auch kommen.

Es gibt Menschen, die alles tun, um sich vor Bazillen zu schützen, aber da etwas in ihnen bleibt, was diese Bazillen anzieht, werden sie ständig angesteckt. Es gibt hingegen andere Personen voller Liebe, Hingabe und Selbstlosigkeit, die ansteckend Kranke pflegen und die selbst nie angesteckt werden; als hätte die Reinheit ihrer Gefühle und ihrer Absichten schließlich auch ihr Blut gereinigt und sie beschützt. Nehmt bitte jetzt das, was ich euch hier gesagt habe, nicht als Vorwand, um euch in die Arme aller zu werfen, die ansteckende Krankheiten haben, ohne Vorkehrungen getroffen zu haben. Bis der Tag gekommen ist, an dem es euch wirklich gelungen ist, die Reinheit in euch zu verwirklichen, müsst ihr euch schützen, aber nicht aus Egoismus, sondern ihr sollt euch für die anderen schützen, um ihnen zu helfen. Dies ist die wahre Reinheit, die andere Reinheit hingegen ist in Wirklichkeit unrein, weil sie egoistisch ist. Ist dies jetzt klar verständlich?

Die wahre Reinheit ist die göttliche Liebe, denn die göttliche Liebe ist das Leben, ist das Wasser, das aus der Quelle sprudelt, und dieses Sprudeln entfernt alles, was schmutzig, dicht und dunkel ist. Selbst wenn ihr so weiß wie Schnee seid, eine Reinheit, in der keine Liebe ist, ist nicht wirklich die Reinheit. Wie viele Menschen haben geglaubt, die Reinheit bestünde darin, sich von der Liebe fernzuhalten! Ja, es gibt Menschen, die sind rein wie der Schnee, aber auch kalt wie der Schnee, sie haben keine Liebe, und ihre Reinheit ist steril. Die wahre Liebe ist die Liebe des kristallklaren Wassers, das sprudelt, das fließt und das die Felder und Gärten begießt. Nicht vor der Liebe solltet ihr euch schützen, sondern vor egoistischen Gedanken und Gefühlen. Sobald solche Gefühle in euch eindringen, seid ihr nicht mehr rein.

In Seiner Weisheit, Seiner Unermesslichkeit und Seiner Freigebigkeit gab Gott dem Mann und der Frau die Mittel, ihre Liebe in den höheren Ebenen der Seele und des Geistes auszudrücken.[3] Also statt derartig unglücklich zu sein, weil ihr nach allen möglichen enttäuschenden Erfahrungen noch immer nicht den Gefährten oder die Gefährtin eures Lebens gefunden habt, denkt daran, dass Gott euch so geschaffen hat, dass ihr eure Liebe ununterbrochen zum Ausdruck bringt, indem eure Seele und euer Geist mit der universellen Seele und dem kosmischen Geist verschmelzen. So wie das Wasser vom Himmel herabsteigt und die

Pflanzen bis zur Wurzel ernährt, so kommt diese Energie von oben herab und überflutet euch, durchdringt euch und hinterlässt Lichtteilchen in allen Organen eures Körpers bis zu euren Fußsohlen.

Ich weiß, dass dies Auffassungen sind, die für euch noch sehr weit entfernt sind, aber das macht nichts. Der Polarstern ist auch äußerst weit entfernt, aber man kann sich nach ihm richten, so wie es alle Schifffahrer seit tausenden von Jahren gemacht haben, und sie haben den richtigen Hafen erreicht. Diese Wahrheiten, die ich euch offenbare, sind auch so weit entfernt von euch wie der Polarstern, aber so wie er werden sie euch führen.

Anmerkungen

1. Siehe Band 215 der Reihe Izvor »Die wahre Lehre Christi«, Kapitel 2: »Ich und der Vater sind eins« und Band 238 der Reihe Izvor »Der Glaube versetzt Berge», Kapitel 9: »Der Beweis für die Existenz Gottes ist in uns« und Kapitel 10: »Die Identifikation mit Gott«.
2. Siehe Band 228 der Reihe Izvor »Einblick in die unsichtbare Welt», Kapitel 3: »Der Zugang zur unsichtbaren Welt: von Jesod nach Tiphereth» und Band 236 der Reihe Izvor »Weisheit aus der Kabbala«, Kapitel 14: »Jesod: Die Grundlagen des spirituellen Lebens«.
3. Siehe Band 232 der Reihe Izvor »Feuer und Wasser – Wunderkräfte der Schöpfung«, Kapitel 17: »Der Baum des Lichtes«.

Omraam Mikhaël Aïvanhov

Vom selben Autor

Taschenbuchreihe Izvor

200 Hommage an Meister Peter Danov
201 Auf dem Weg zur Sonnenkultur
202 Der Mensch erobert sein Schicksal
203 Die Erziehung beginnt vor der Geburt
204 Yoga der Ernährung
205 Die Sexualkraft oder der geflügelte Drache
206 Eine universelle Philosophie
207 Was ist ein geistiger Meister?
208 Das Egregore der Taube – Innerer Friede und Weltfriede
209 Weihnachten und Ostern in der Einweihungslehre
210 Die Antwort auf das Böse
211 Die Freiheit, Sieg des Geistes
212 Das Licht, lebendiger Geist
213 Die menschliche und göttliche Natur in uns
214 Liebe, Zeugung und Schwangerschaft
215 Die wahre Lehre Christi
216 Geheimnisse aus dem Buch der Natur
217 Ein neues Licht auf das Evangelium
218 Die geometrischen Figuren und ihre Sprache
219 Geheimnis Mensch. Seine feinstofflichen Körper und Zentren
220 Der Tierkreis, Schlüssel zu Mensch und Kosmos
221 Alchimistische Arbeit und Vollkommenheit

222 Die Psyche des Menschen
223 Geistiges und künstlerisches Schaffen
224 Die Kraft der Gedanken
225 Harmonie und Gesundheit
226 Das Buch der göttlichen Magie
227 Goldene Regeln für den Alltag
228 Einblick in die unsichtbare Welt
229 Der Weg der Stille
230 Die Himmlische Stadt
231 Saaten des Glücks
232 Feuer und Wasser – Wunderkräfte der Schöpfung
233 Eine Zukunft für die Jugend
234 Die Wahrheit, Frucht der Weisheit und der Liebe
235 Im Geist und in der Wahrheit
236 Weisheit aus der Kabbala
237 Das kosmische Gleichgewicht – Die Zahl 2
238 Der Glaube versetzt Berge
239 Die Liebe ist größer als der Glaube
240 Söhne und Töchter Gottes
241 Der Stein der Weisen
242 Unerschöpfliche Quellen der Freude
243 Das Lächeln des Weisen
244 Dem Licht entgegen

Vom selben Autor

Reihe Gesamtwerke

1	Das geistige Erwachen
2	Spirituelle Alchimie
3	Die beiden Bäume im Paradies
4	Das Senfkorn – Symbole im Neuen Testament
5	Die Kräfte des Lebens
6	Die Harmonie
7	Die Reinheit, Grundlage geistiger Kraft
8	Sprache der Symbole, Sprache der Natur
9	»Im Anfang war das Wort«
10	Sonnen-Yoga (Surya-Yoga) Die Herrlichkeit von Tiphereth
11	Der Schlüssel zur Lösung der Lebensprobleme
12	Die Gesetze der kosmischen Moral
13	Die neue Erde
14/15	Liebe und Sexualität (Doppelband)
16	Alchimie und Magie der Ernährung – Hrani-Yoga
17/18	Erkenne Dich selbst – Jnani Yoga (Doppelband)
19-22	*Wird nicht ins Deutsche übersetzt*
23/24	Eine neue Religion (Doppelband)
25/26	Der Wassermann und das Goldene Zeitalter (Doppelband)
27	Die Pädagogik in der Einweihungslehre – Teil 1
28/29	Die Pädagogik in der Einweihungslehre (Doppelband) Teil 2 und 3
30/31	Leben und Arbeit in einer Einweihungsschule (Doppelband)
32	Die Früchte des Lebensbaums

Vom selben Autor

Reihe Broschüren

301 Das neue Jahr
302 Die Meditation
303 Die Atmung
304 Der Tod und das Leben im Jenseits
305 Das Gebet
306 Musik und Gesang im spirituellen Leben
307 Das hohe Ideal
308 Das Osterfest. Die Auferstehung und das Leben
309 Die Aura
310 In die Stille gehen
311 Wie Gedanken sich in der Materie verwirklichen
312 Die Reinkarnation
313 Das Vaterunser
314 Das Gesetz der Gerechtigkeit und das Gesetz der Liebe
315 Die Quelle des Lebens
316 Die Nahrung, ein Liebesbrief des Schöpfers
317 Die Kunst und das Leben
318 Die wesentliche Aufgabe der Mutter während der Schwangerschaft
319 Die Seele, Instrument des Geistes
320 Menschliches und göttliches Wort
321 Weihnachten und das Mysterium der Geburt Christi
322 Die spirituellen Grundlagen der Medizin
323 Meditationen beim Sonnenaufgang
324 Der Friede, ein höherer Bewusstseinszustand
325 Das Ideal des brüderlichen Lebens
326 Die ganze Schöpfung wohnt in uns
327 Der Preis der Freiheit

Vom selben Autor

Reihe Stani

Omraam Mikhaël Aïvanhov hat in seinen Vorträgen viele praktische Übungen und Methoden empfohlen, die den Menschen helfen, ihren Alltag sinnvoll zu bereichern. Diese Übungen sind erprobt, wirksam, einfach und leicht im Alltag integrierbar. Ihr Ziel ist es, die Gesundheit von Körper, Seele und Geist des Menschen zu fördern und ihn in seiner Weiterentwicklung zu unterstützen. Die Bücher enthalten anschauliche Farb-Abbildungen, Fotos, Tabellen und Diagramme, welche das Verständnis und die Umsetzung der Übungen noch erleichtern.

905 Die Gymnastik-Übungen – Sinn, Ablauf und Entsprechung zu heiligen Symbolen (mit DVD)
906 Erhebende Gedanken – Die Meditation
907 Das Licht und die Farben – Kräfte der Schöpfung
908 Vom Sinn des Betens – Erklärung und Gebete

Außerhalb der Buchreihe Stani empfehlen wir Ihnen noch Band 13 der Buchreihe Gesamtwerke *»Die Neue Erde – Anleitungen, Übungen, Sprüche, Gebete«*. Dieses Buch enthält Übungen zu weiteren Gebieten des täglichen Lebens.

Reihe »Gedanken für den Tag«

Das Taschenbuch »Gedanken für den Tag« enthält für jeden Tag des Jahres ein Zitat von Omraam Mikhaël Aïvanhov als geistige Anregung und Begleiter für den Alltag. Es ist eine gute Meditationshilfe und auch als Geschenk bestens geeignet. Das Buch erscheint jährlich mit neuen Texten und ist einer unserer Bestseller. Ausgaben aus vergangenen Jahren sind ebenfalls noch erhältlich.

Auf unserer Internet-Seite können Sie alle Tagesgedanken ab dem Jahr 2005 lesen (www.prosveta.de, www.prosveta.ch, www.prosveta.at). In diesen mehr als 7.000 Tagesgedanken können Sie mit Hilfe der Suchfunktion nach Themen oder Begriffen Ihrer Wahl suchen.

Biografien und Bildbände

200 Hommage an Meister Peter Danov
901 Kurzbiografie »Die schöne Geschichte von einem Meister«
902 Licht am Horizont – Die ersten Schüler von Omraam Mikhaël Aïvanhov erzählen
903 Biografie »Der Weg des Lichtes«
904 Das Geheimnis des Lichts: Leben und Lehre von Omraam Mikhaël Aïvanhov (nur als E-Book)
909 Autobiografie – Band 1
917 Der spirituelle Sinn der Musik (R. Soubeyran)
940 Bildband O. M. Aïvanhov
941 Die Botschaft der Blumen
942 Die Sterne: Was sie uns lehren

Verlage und Auslieferungen

FRANKREICH (Hauptverlag)

Editions Prosveta S.A. – 1277, Av. Jean Lachenaud – 83600 Fréjus
Tel. 04 94 19 33 33, contact@prosveta.fr, www.prosveta.fr

Auslieferungen international:

AUSTRALIEN

PROSVETA AUSTRALIA
108 Grand Ocean Boulevard
Port Kennedy WA 6172
Tel. (61) 8 9594 1145
prosveta.au@aapt.net.au

BELGIEN UND LUXEMBURG

PROSVETA BENELUX
Chaussée de Merchtem 123
1780 Wemmel
Tel. (32) 2 460 108 53
prosveta@skynet.be,
www.prosveta.be

BENIN

ETS Evera-Librairie
Abomey-Calavi
Tel. +229 977 759 50
etsevera@gmail.com

BOLIVIEN

VIRGINIA BELTRÁN
Reemanso 2 Númnero
9080 Santa Cruz – Bolivia
mavibel@gmail.com

CHILE

AGRUPACIÓN VEHADI
Paula González Morel
Tel. +56 982 948 670 / 998 901 258
vehadi.chile@gmail.com

DEUTSCHLAND

PROSVETA VERLAG GMBH
Grabenstr. 14, 78661 Dietingen
Tel. +49 7427 3430
kontakt@prosveta.de
www.prosveta.de

ENGLAND UND IRLAND

PROSVETA, THE DOVES NEST
Duddleswell Uckfield
East Sussex TN 22 3JJ
Tel. (44) (01825) 712 988
orders@prosveta.co.uk
www.prosveta.co.uk

GABUN

Librairie Tiphéret
BP 1554www.pyrinoskosmos.gr
Libreville
Tel. +241 662 241 35
a.dirat@gabontelecom.ga

GRIECHENLAND

PYRINOS KOSMOS
Egeou 29 – Koropi
G-19400 Athens Attica
Tel. +30 210 360 28 83

HAITI

PROSVETA DÉPÔT HAITI
Angle rue Faustin 1er
et rue Bois Patate #25 bis
6110 Port-au-Prince
rbaaudant@yahoo.com

INDIEN

VIJ BOOKS
2/19 Ansari Road, Darya Ganj
New Delhi 110 002
www.vijbooks.com
vijbooks@rediffmail.com
Tel.: + 91-11-43596460 / 1147340674

BOOK MEDIA (MALAYALAM)
Coondacherry P.O.
Pala, 686579 Kottayam - Kerala
Tel. (+91) 94 47 53 62 40

ISRAEL

prosveta.il@hotmail.com
Hadkeren Publishing House
PO Box 8426
6 108 301 Tel-Aviv – Jaffa
info@hadkeren.co.il
www.hadkeren.co.il

ITALIEN

PROSVETA COOP. A R.L.
Casella Postale 55
06068 Tavernelle (PG)
Tel. (39) 075-835 84 98
prosveta@tin.it, www.prosveta.it

KAMERUN

Librairie Bibliothèque, Vera Book Center
Yaoundé au Carrefour MEEC
BP 17506 Etétak – Yaoundé
Tel. +237 699 959 044 / 694 546 116
verabookcenter@gmail.com

KANADA

PROSVETA INC.
3950 Albert Mines – Canton de
Hatley – (QC) J0B 2C0
Tel. +1 819 564 82 12
prosveta@prosveta-canada.com
www.prosveta.ca

KOLUMBIEN

PROSVETA COLOMBIA
Calle 174 Número 54B
50 Interior 6
Villa del Prado – Bogotá
Tel. (57 1) 6 14 53 85
Tel. 6 72 16 89
Mobil: (57) 311 8 10 25 42
prosveta.colombia@hotmail.com

KONGO

Librairie Providence
19 Rue Maleke Moukondo
(Mfilou)
Brazzaville
Tel. +242 066 193 927
librairieprovidence2021@gmail.com

LETTLAND

Cilveka Pasatjaunosanas, biedriba
Ravija Astahova
Anniņmuižas bul. 43 – 135
Riga, Latvija LV-1069
Tel. +371 292 93298
ravija@inbox.lv

LIBANON

PROSVETA LIBAN
P.O. Box 90-995
Jdeitet-el-Metn, Beirut
Tel. (03) 448560
prosveta_lb@terra.net.lb
www.prosveta-liban.com

LITAUEN

LEIDYKLA MIJALBA
Gedimino G 26 B – 44319 Kaunas
Tel. 370.687 8760
info@mijalba.com
www.mijalba.com

NEUSEELAND

PROSVETA NEW ZEALAND LTD
49 Stottholm Road
Titirangi 0604
Aotearoa New Zealand
Tel. +64 686 727 89 / +64 220 212 414
johnson.susan34@gmail.com
www.oma-books.co.nz

NIEDERLANDE

STICHTING PROSVETA
NEDERLAND
t.a.v. K. Laan
Zeestraat 50
2042 LC Zandvoort
Tel. +31 235 716 473
laan@prosveta.nl, www.prosveta.nl

NORWEGEN

PROSVETA NORDEN
Postboks 150 Sentrum
N-0102 Oslo
Tel. (47) 90 27 43 33
info@prosveta.no, www.prosveta.no

ÖSTERREICH

HARMONIEQUELL VERSAND
Ulmenweg 8, A 5302 Henndorf
Tel. und Fax +43 6214 7413
info@prosveta.at, www.prosveta.at

PERU

Contact Prosveta
Viviana Hermosa Mattos
Tel. + 51 999 355 919
vivihermosa@gmail.com

POLEN

Księgarna – Galeria Nieznany Świat
ul. Kredytowa 2, 00-062 Warszawa
tel. +48 827-93-49, www.nieznany.pl

PORTUGAL

PUBLICAÇÕES MAITREYA
4100 - 027 Porto
flora@publicacoesmaitreya.pt

RUMÄNIEN

EDITURA PROSVETA SRL
Str. N. Constantinescu 10
Bloc 16A – sc A
Apt. 9 Sector 1, 71253, Bucarest
Tel. +4 072 770 59 17
prosveta_ro@yahoo.com
www.prosveta.ro

RUSSLAND

EDITIONS PROSVETA
Elena Jitniouk
ul. Partizanskaya, d.22, kv. 87
Moskow 121351
Tel. +8 903 795 70 74
prosveta@prosveta.ru,
www.prosveta.ru

SCHWEIZ

ÉDITIONS PROSVETA
Société coopérative
Chemin de la Céramone 13
1808 Les Monts-de-Corsier
Tel. +41 21 921 92 18
prosveta@prosveta.ch
www.prosveta.ch

SERBIEN

EDITION BABUN D.O.O.
Ana Bešlić, Tel. +381653193913
babun.info@gmail.com

Izdavačko Preduzeće Paleja D.o.o
(Editions Paleja), Željko Mojsilović
Put za Trešnju 1. deo br. 9, Ripanj
Beograd, Tel. +381 653 433 857
info@svetlostknjige.com

SPANIEN

ASOCIACION PROSVETA ESPAÑOLA
C/ Diputacio, 385 local bajos 2
SP-08013 Barcelona
Tel. (+34) (93) 412 31 85
aprosveta@prosveta.es
www.prosveta.es

TSCHECHISCHE REPUBLIK

PROSVETA
Ant. Sovy 18
370 05 České Budějovice
Tel. +420 723 581 030
prosveta@iol.cz / info@omraam.cz
www.omraam.cz

TOGO

Le Livre SARL
Rue Kedjessinawe Tokoin Novissi
BP 1723 - Lomé Togo
Tel. +228 900 483 73
Tel. +228 982 959 58
lelivre1@yahoo.fr

TÜRKEI

Hermes Yayinlari
hermeskitap@gmail.com
www.hermeskitap.com

USA

WELLSPRING OF LIFE
404 N Mount Shasta Blvd # 320
Mount Shasta CA 96067, USA
Tel. +1 530 918 33 91
wellspringsoflife@mail.com
www.prosveta-usa.com

VENEZUELA

PROSVETA VENEZUELA C. A.
Multicentro Empresarial Macaracuay
Piso 5 Oficina 3
Caracas D. C.
Código postal 1061
Tel. +58 412 904 89 94 / +58 414 134 75 34
prosvetavenezuela@gmail.com
www.prosvetavenezuela.com

Wenn Sie sich für Veranstaltungen interessieren, in denen die Lehre von Omraam Mikhaël Aïvanhov vertieft werden kann, wenden Sie sich bitte an eine der folgenden Adressen:

Deutschland
UWB e.V., www.aivanhov.de, info@aivanhov.de

Schweiz
FBU, Chemin de la Céramone 13, 1808 Les-Monts-de-Corsier
Telefon 021 925 40 80, www.videlinata.ch

Österreich
UWB, Telefon 01 27 698 32
Internet: www.uwb.at, E-Mail: info@uwb.at